# JOSEP SOLER

# FUGA
## TECNICA E HISTORIA

**Antoni Bosch○editor**

Publicado por Antoni Bosh, editor, S.A.U
Manacor, 3 - 08023 Barcelona
Tel. (34) 932 05 26 06
E-mail: info@antonibosch.com
http://www.antonibosch.com

ISBN: 978-84-85855-01-8
Depósito legal: Z-3328-98

Diseño de la cubierta: Helena Rosa

*1ª edición : 1980*
*1ª reimpresión: enero, 1980*
*2ª reimpresión: diciembre, 1998*
*3ª reimpresión: noviembre, 2020*

Impreso por Book Print Digital S.A.

Impreso en España
*Printed in Spain*

*A Miquel, compositor*

# Índice

# Índice

# Agradecimientos

El autor agradece con verdadero respeto y reconocimiento la colaboración de Carles Guinovart, catedrático en el Conservatorio Superior de Barcelona, por su atenta y crítica lectura del original así como sus acertadas correcciones y modificaciones incluidas en el texto definitivo.

Especial agradecimiento lo debe, asimismo, a la musicóloga María Ester Sala, editora y profunda conocedora de la obra de Cabezón, quien transcribió especialmente para esta obra el *Tiento* procedente del libro de Venegas de Henestrosa (fol. 11 v. y ss.) así como la *fuga optima* de Buchner, *Maria zart,* guiándonos también en la transcripción de las dos *fugas,* no publicadas anteriormente —como es el caso de la obra antes citada de Buchner—, de Thomas de Sancta Maria. De la misma musicóloga es la transcripción de la *fuga ad minimam* de Fernando de las Infantas que aquí se publica por vez primera.

Agradecemos la gentileza del Bibliotheksdirektor de la Staatsbibliothek de Berlín, Preussischer Kulturbesitz, Musikableitung, Dr. Rudolf Elvers, por el envío de las fotocopias que permitieron transcribir la obra de Buchner —de la tabulatura de L. Kleber, Mus. ms. 40026, 151v.-153v.—; agradecemos, finalmente, el envío, por la Staats— und Stadtbibliothek de la ciudad de Augsburg, de las fotocopias del libro *Plura Modulationum* de Fernando de las Infantas y del que procede la *fuga* antes citada.

Finalmente, a la gestión del compositor Josep María Mestres-Quadreny, se le debe el aliento para la composición y publicación de este libro.


*Nota a la reimpresión, 1989*

Agradecemos al compositor Albert Llanas su ayuda en las correcciones y cambios introducidos en nuestro texto; su colaboración ha sido indispensable para la redacción de éste.

Pere Casas, profesor del Conservatorio de Terrassa, nos indicó un error en nuestro comentario de la fuga primera del *Ludus Tonalis* de Hindemith y asimismo nos señaló, de la misma obra, la fuga retrogradada que citamos en la pág. 80; dos ejemplos muy interesantes que no habríamos podido localizar sin su ayuda.

# CAPITULO I

## Introducción al estudio de la fuga

I.   «...es imposible una buena composición a menos que el autor, en el momento de componer, se sienta poseído como por alguna furia musical; y esto, de tal manera, que él escasamente sabe lo que está haciendo ni puede luego dar ninguna razón de su actuar...».[1]

Pero tampoco puede aparecer una buena composición si el autor no posee una estructura mental lógica, si no ha sabido codificar y organizar sus conocimientos y los datos que la técnica, la historia y la herencia de sus antecesores musicales le suministraron; así, la música es una dialéctica entre lo irracional del *daimon* que posee al compositor y lo racional de una técnica adquirida, fruto de la voluntad: la música sólo aparece y se manifiesta cuando se ha cumplido y realizado este balance dialéctico y el sonido aparece estructurado con un orden lógico que organiza el impulso irracional y que da como resultado la obra ya realizada, sistema cerrado dentro de sí mismo, autosuficiente como idioma pero comprensible para el oyente en cuanto posee su propio sentido y sus propias leyes; cuando esto se consigue, el sonido inicial —el oscuro *logos* de lo irracional— se convierte en obra de arte, —en música—, como resultado de la voluntad del compositor que distribuye y sitúa los elementos sonoros en el tiempo, ordenándolos y fecundándolos, y nos los entrega como una «imagen», un recuerdo del acaecer sonoro, que, para el oyente define, de manera clara, la *forma* total de la obra.

La estructura de la música, en cierto tipo de obras, viene dada por el empleo de unos elementos lógicos, seleccionados a priori: temas, secuencias, variaciones de los temas y derivaciones de éstos, modulaciones y progresiones armónicas, etc. organizados y dispuestos de tal manera que sean comprensibles y claros —patentes—, para el oyente o el estudiante.

En otro tipo de obras se establece su estructura mediante una disposición particular del discurso musical, con ideas e imágenes melódicas o rítmicas de apariencia inconexa e irracional pero que, por alguna misteriosa y arcana razón vienen a ser comprensibles por la aprehensión del subconsciente: éste ordena las imágenes sono-

---

1.   «[Good composing is impossible] unless the Author, at the time of composing, be transported as it were with some Musical fury; so that himself scarce knoweth what he doth, nor can presently give a reason for his doing». Charles Butler, *Principles of Musik*, London, 1636, pág. 92.

ras y las sitúa en un orden que la razón, posteriormente, reconoce como lógico y que posee su propia estructura y desarrolla su único y exclusivo discurso ayudado, si es que existe, por un texto literario al que la música recubre y al que los sucesos dramáticos o poéticos prestan una fuerza integradora y unificante, es decir, comprensible.

Puede ser que un solo individuo sea capaz de realizar este proceso transmutando los elementos dados en sucesiones lógicas, o bien puede ser preciso esperar que el subconsciente colectivo aprehenda los datos y los racionalice.

A esta segunda manera de estructurar una obra pertenece gran parte de la aportación de la Segunda Escuela de Viena, especialmente el período atonal de Schönberg y Webern y todas las obras de Alban Berg aunque en su caso particular éste realizó una muy particular síntesis entre las estructuras del primer tipo, —académicas—, y lo irracional de su manifestación; recuérdese que Berg manifestó expresamente su deseo —a semejanza de Debussy—, de que las estructuras de su música permanecieran invisibles aunque no se ocultaran al análisis.[2]

Pero el primer tipo de obras, organizadas (de *organizar* el músico medieval extrae la palabra «organista» = el que estructura) con elementos fuertemente racionales, se hallan, también, muy afectadas por lo *oscuro*, lo irracional del instinto; la estructura es sólo controlable en parte y por ello, la obra es, asímismo, discurso irracional aunque sobre los elementos oscuros graviten con gran fuerza las formas «académicas», sintetizadas por los teóricos sobre el posterior estudio y análisis de obras escritas muchos años antes y siempre organizadas con una base esencialmente irracional ya que el compositor medieval, renacentista o barroco no escribe sus obras basándose únicamente en datos teóricos y formas preestablecidas y académicamente aceptadas sino que, con su legado, ambiguo, instintivo y sabio a la vez, abre paso, trabajosamente y con las peculiares dificultades de cada época, al lento avance de los conocimientos técnicos y organizadores que, más tarde, ya codificados, iniciarán y facilitarán el camino de los futuros compositores. Estos, a su vez, repetirán la misma mecánica y el mismo proceso en un constante fluir y refluir, en una perpétua oscilación entre instinto y lógica.

Así, lo académico, lo *lógico*, es la síntesis de lo irracional, realizada cuando, con el paso del tiempo y como antes hemos señalado, un solo individuo en ciertos casos o el subconsciente colectivo en otros ya han sintetizado los datos, los han asumido y racionalizado —como compositor o como oyente—, y han realizado así la metamorfosis del instinto en ciencia.

De todas las *formas* en que a priori se puede organizar una estructura musical, la *fuga* parece ser la más severa y cerrada dentro de sí misma y la que más parece que permite controlar y regir todo el discurso musical, desde su comienzo —al escoger la base y el fundamento de toda la obra, el *tema*—, hasta su desarrollo y conclusión a través de las distintas manipulaciones con que éste se ve afectado a lo largo de toda la obra.

El control y la estructura, absolutamente indispensables, presuponen un análisis,

2.  Citado en Gisèle Brelet, «Musique et structure» en *Revue Internationale de Philosophie*, fasc. 3-4, núms. 73-74, Bruselas, 1965.

antes de iniciar la obra y también durante su escritura; mas este análisis, por muy profundo que sea, es siempre un catálogo y ordenación de las apariencias, del «fenómeno», de la obra de arte. Lo irracional, la sucesión lógica de lo arcano, —tanto más lógico cuanto más cerca esté de su arquetipo—, no puede demostrarse ni enseñarse ni tratar de comunicarse ya que pertenece a la esfera de lo más íntimo del artista y ni aún él mismo puede conocer claramente cuáles son las bases en las que se apoya su instinto y en que grado éste le «obliga» sin que intervenga su voluntad.

En esta introducción al estudio técnico de la fuga tratamos de ayudar a saber realizar el análisis básico —y su consiguiente síntesis primaria—, para dejar después hablar el lado «oscuro» del compositor que trate de expresarse a través de esta forma: saber cómo se escribe una fuga solamente se consigue escribiéndola y descubriendo, en el proceso de su escritura, la manifestación de lo «oscuro»; mas este descubrimiento únicamente es capaz de conocerlo aquel que ya lo ha conocido a través de su instinto y por la obediencia que supone la servidumbre de ser artista y el saber que la obra de arte es siempre una oscuridad enmascarada por lo aparente, por lo que recubre «lo que se oculta en el interior del santuario y que no se patentiza a los profanos...» El artista desprecia lo superfluo, endereza lo torcido, torna brillante lo oscuro... hasta descubrir la obra de arte escondida, ínsita, oculta en su propio interior, velada por las apariencias —tan necesarias por otra parte—, de la técnica (Plotino, *Eneadas*, I, 6; 8-9).

El artista siempre realiza un orden, siempre busca.

II. El inicio del estudio básico de la fuga presupone un conocimiento —que debería ser exhaustivo— del contrapunto y la armonía; intentamos evitar la pérdida del elemento artesanal, actualmente tan despreciado y tan injustamente incomprendido. Esto no es fácil ni cómodo y presupone un árduo trabajo ante el cual, hoy día, parece rebelarse el talante del estudiante o del artista. Pero únicamente en la adquisición de su lenguaje y en la capacidad de manejarlo radica la posibilidad de que el artista pueda hablar y expresarse en su propio idioma: el verbo sólo se adquiere y se estructura con una base lógica de sintaxis y con un desarrollo semántico racional a través del cual podra fluir lo irracional. De no ser así el artista sólo podrá diponer de desorden y caos; lo amorfo no puede expresar ningún sentido ni ninguna estructura.

En su búsqueda, el artista descubre que, tanto mayor es la tensión expresada cuanto mayor es el grado de organización, de orden, con que se nos manifiesta. En las obras de Bach, como en las de Berg, la forma y su trama interna, resultan, al ser analizadas, extremadamente complejas; sin embargo, el oyente nunca se detiene en la organización al oír sus obras y sólo se siente emocionado por su «mensaje» emocional. El acaecer dramático en las dos óperas de Berg es absolutamente independiente de las formas usadas en su estructura y, tal como desea su autor, éstas no son patentes al oyente y sólo se descubren al análisis musical.

De la misma manera, las obras de Bach hallan su fundamento en su estricta organización, pero para el oyente, su «manifestarse» es sólo un abrirse de su expresión aprehendida directamente sin que nadie, al mismo tiempo, pueda seguir con claridad la estructura musical del «revés de la trama» y su orden interno: su ser-ahí, como manifestación viva de una estructura que permite su existencia es la tensión de un desarrollo orgánico —aparentemente racional—, que se sitúa frente al espectador, al oyente, no como *regla* o teoría, sino como *emoción*; la estructura sustenta y engendra y de este modo la expresión y la fuerza —la *dynamis*—, se canalizan a su través.

Creemos que el estudio de la fuga es el mejor camino que puede emprender un compositor o futuro compositor; componer es saber crear una forma y, con base en una estructura racional, sintetizar los elementos que afloran en el subconsciente, arquetípicos, para manifestar nuestra *emoción*: canalizar estos efectos y su vívida expresión sólo podrá lograrlo quien haya creado de antemano el sentido lógico que dará paso al discurso —semánticamente negativo—, abstracto, pero real, de la obra de arte.

Mas por muy complejo que sea el discurso final, la obra ya acabada, ésta, tarde o temprano será inteligible para el oyente, individual y colectivamente, si nos llega «filtrada» por una lógica que la sustancie y la vertebre. Después de estudiar y comprender las estructuras, al mismo tiempo verticales y horizontales de la armonía y el contrapunto, creemos que el estudio de la fuga es el más preciso y exacto para que el compositor ejercite y desarrolle su capacidad de síntesis y su sentido formal, sentido éste jamás demasiado desarrollado ya que cuanta mayor sea la trama formal, tanto mayor será la posibilidad de que las emociones se puedan expresar y manifestar correctamente; la belleza, aparentemente informe y amorfa de una obra de Webern o de Schönberg [3] es sólo la manifestación velada del fenómeno de su esencia mediante la última posibilidad de abstracción a que puede acceder un artista: allende lo estructurado aparece lo abstracto, lo que carece de «forma», de accidente y a esta suprema y última estructura debe tender toda obra de arte.

Así, abstraer —conseguir la «forma del espíritu»—, es acceder a la manifestación del ser íntimo del deseo, del impulso, poderoso y oscuro, del arte.

III.   Presuponemos un conocimiento básico de la *Armonía* de Arnold Schönberg (versión castellana, Madrid, 1974) así como de sus *Exercises in Counterpoint* (Londres, 1974; versión castellana en preparación por Antoni Bosch editor, Barcelona); recomendamos asimismo la *Armonía Tradicional* de Paul Hindemith (Vol. I, Buenos Aires, 1958; Vol. II, id., 1959) y la *Harmony* de H. Schenker (Cambridge, Mass. 1973) así como *Structural Functions of Harmony* (Londres, 1969) y *Fundamentals of Musical Composition* (Londres, 1967) de A. Schönberg.

Usamos como referencia básica el *Traité de la Fugue* de André Gedalge (Vol. I, París, s.d., 1900?) por considerarlo obra esencial y la mejor y más clara de las que existen. Lo citamos muy frecuentemente y en nuestro texto procuramos explícitamente señalar las constantes referencias que hacemos de esta obra.

---

3.   O en el campo de la escultura, la abstracción de la última *pietà* de Miguel Angel, o en poesía, la obra de Hölderlin, Joyce, Rilke o Proust, poeta éste en una novela que es una de las más grandes concepciones estructurales que jamás haya realizado un artista.

## 1. FUGA

Podría definirse como una composición musical, en un solo tiempo, sobre un solo *tema*; de éste se deriva el total de la obra siendo únicamente la unidad de su enunciado la que engendra y controla sus diversas ramificaciones, su forma, sus distintos períodos, etc. Es, pues, una composición monotemática con un empleo sistemático de la *imitación*. Se descarta, en principio, una organización sólo vertical o melódica; el evolucionar de las distintas tonalidades [4] es secundario frente a la dialéctica de las imitaciones y al diálogo cuidadosamente estructurado entre las diversas voces: la fuga expresa y patentiza una semántica horizontal, con una dinámica siempre pulsante, conteniendo una energía latente y potencial en su elemento básico, el *tema*. El *tema* recibe también el nombre de *sujeto* (o *dux*). La *imitación* del *tema* recibe el nombre de *respuesta* (o *comes*).

La fuga puede ser a 2, 3, 4 o más voces; para mayor claridad el texto se refiere, en general, a la fuga a 4 voces.

*Partes esenciales de una fuga:*

1.º Enunciado del *tema* (en la tonalidad de la tónica).
   *Respuesta* de éste (en la tonalidad de la dominante).
   Uno o varios *contrasujetos* que continúan la voz del *tema* mientras se desarrolla la *respuesta*. Todo ello forma la *exposición* o primer grupo.
2.º La *contraexposición* (facultativa; véase pág. 11).
3.º *Divertimentos* (o *episodios*), situados, en general, entre la 1.ª y la 2.ª *exposición* y la 2.ª y la 3.ª *exposición* (véase pág. 16).
4.º *2.ª Exposición*, modulando a los tonos relativos (véase pág. 16 y 43 ss. sobre la construcción musical de la fuga considerada como forma global).
5.º *3.ª Exposición*, modulado al tono original.
6.º El *stretto*.
7.º El *pedal*, generalmente en el bajo, sobre la tónica.
8.º *Cadencia* final.

## 2. SUJETO

Es la matriz de la fuga y la idea rectora fundamental de la que se derivará toda la estructura básica de la obra, su melodía, ritmo, secuencias, las líneas melódicas de los divertimentos, etc.

Su carácter, tonalidad y diseño tienen que ser muy acusados y poseer la capacidad de engendrar todos los elementos de que se compone una fuga así como poderse combinar con los contrasujetos. El *tema* debe estar escrito con valores rítmicos muy desiguales, si es posible con pausas, etc. para que pueda escribirse un buen contrapunto en el posterior desarrollo de la fuga.

---

4. Aunque muy importante y aún fundamental ya que también podríamos definir la fuga, en cierto modo, como un juego de tonalidades.

El sujeto debe pertenecer, en la fuga llamada escolástica o de escuela, a los modos *mayor* o *menor*; si contiene una modulación ésta se hará hacia el tono más cercano, el de la dominante, pudiéndose aceptar alteraciones cromáticas, notas de paso, etc. que no afecten al tono básico del *tema*.

El diseño con el cual se inicia el sujeto se llama *cabeza* o principio del sujeto. Puede repetirse dos o más veces; entonces presta al *tema*, por la fuerza de su doble o triple enunciado, un carácter especialmente enérgico.

Schönberg, *tema* de la fuga de *Variaciones sobre un recitativo*, op. 40:

Hay que evitar siempre que en la parte central y, asimismo, al final del sujeto, aparezca el diseño característico de la *cabeza*.

Veamos ejemplos de *temas* en las obras de Buxtehude, Bach, Handel, Mozart, Mendelsohnn, César Frank, Max Reger y, modernamente, en Hindemith (especialmente *Ludus Tonalis*), Schostakovich (*24 Preludios y fugas*, op. 87) y Schönberg (doble canon o fuga con contra-sujeto obligado en el *Preludio al Génesis*, op. 44); véase asimismo la fuga en el primer tiempo de *Música para cuerdas, percusión y celesta* de Béla Bartók así como el segundo tiempo de la *Sinfonía de los Salmos* de Strawinski.

## 3. LA RESPUESTA

Después de haber sido enunciado el *tema* por una de las voces, éste es inmediatamente imitado por otra de ellas; esta imitación se llama *respuesta* y se realiza imitando el *sujeto* a la 5.ª superior o a la 4.ª inferior; así, si el sujeto se halla en el tono de la tónica, la *respuesta* será en la dominante:

Ravel «Le Tombeau de Couperin», n.º 2, *Fugue*:

Pero si el *sujeto* modula —tomando como tónica de la modulación el 5.º grado del tono principal—, la *respuesta*, al modular, también tomará por tónica el 1.er grado del tono del *sujeto*:

Mozart «Cuarteto en Sol mayor» —KV 387,

*Molto Allegro.*

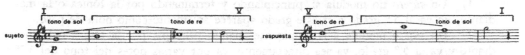

Resumiendo: 1) todas las notas naturales o alteradas contenidas en el *sujeto* y pertenecientes a la escala del tono principal de éste, deberán reproducirse, en la *respuesta*, en el grado correspondiente a la escala del tono del 5.º grado del *sujeto*; este 5.º grado viene tomado como tónica por la respuesta.

2) todas las notas naturales o alteradas contenidas en el *sujeto* pertenecientes al 5.º grado deberán reproducirse en la *respuesta* en el grado correspondiente a la escala del tono del 1.er grado; este 1.er grado se toma como tónica por la *respuesta* mientras que el *sujeto* conserva como tónica el 5.º grado.

Estas reglas se dan para mantener en la fuga la tonalidad del 1.er grado; de no ser así, la *respuesta*, al modular a la 5.ª también modularía a su 5.ª respectiva, esto es, al 2.º grado del tono principal, haciendo así imposible el retorno al tono principal del 1.er grado que la 3.ª voz o parte debe atacar en su entrada.

Cuando el *sujeto* no modula, la fuga toma el nombre de *real* y la respuesta es *respuesta real*. Si el *sujeto modula* a la dominante, la fuga se denominará fuga *tonal* y la respuesta *respuesta tonal*.

Para que un *sujeto* sea tonal debe pertenecer en su mayor parte al tono de su 1.er grado; debe pues entrar en esta tonalidad dejando oír sus notas principales; por lo tanto, la dominante, apareciendo como primera nota de *sujeto*, se considerará como *tónica del 5.º grado*, pero todas las notas que la siguen deberán considerarse como otros tantos grados del tono principal; la *respuesta* correspondiente a estos grados del tono principal, tendrá lugar en los grados del tono de la dominante:

*Tema* de A. Thomas

La *respuesta* sufre, pues, una modificación con relación al *sujeto* cada vez que éste modula al tono de la dominante o que vuelve al tono principal; esta modificación se llama *mutación*. Ello significa el *cambio* de una nota, en la *respuesta*, por la superior o por la inferior de la que correspondería, si se imitase rigurosamente (fuga real) al *sujeto*.

*Resumen de las reglas concernientes al sujeto y la respuesta:*

1) Un *sujeto* no modula si, principiando y terminando por la tónica o la mediante, *no* va al 5.º grado o si este grado aparece solamente como nota de paso.

2) Un *sujeto* modula a la dominante cuando principia por la tónica o la mediante y va al 5.º grado, ya sea directamente, ya por varias notas del tono del 1.er grado de la dominante.

3) Un *sujeto* modula a la dominante cuando principia y termina por esta dominante o por el 7.º grado (véase el anterior ejemplo); en este caso la dominante del *sujeto* se convierte en tónica del tono de 5.º grado, y el 7.º grado se considera como 3.er grado del tono principal (véase ejemplo).

La respuesta *real* —rigurosamente a la 5.ª— es la que, usualmente, se emplea en cualquier fuga *escolástica* —de ejercicio de escuela—, y como tal debe de ser considerada.

## 4.  EL CONTRASUJETO

Se denomina así una parte, escrita en contrapunto doble ( a la 8.ª, 12.ª, etc.) —aunque esto no sea absolutamente necesario—, que se presenta después ( o muy poco después, véase *infra*) del *sujeto*, sucediendo a éste en su discurso y le acompaña luego en cada una de sus entradas formando contrapunto con la respuesta; no debe parecerse al *sujeto* ni por el ritmo ni por la melodía aunque ambos deben ser del mismo estilo: escrita la *respuesta*, el *contrasujeto* se concebirá como un contrapunto contrastante que no debe distraer la atención del oyente aunque tampoco se puede considerar como un simple relleno.[5]

*Sujeto* y *contrasujeto* tienen que ser un buen bajo armónico ya que en el transcurso de la fuga pasan alternativamente por todas las voces.

Un *sujeto* puede poseer varios *contrasujetos*; éstos deben entrar sucesivamente y nunca simultáneamente, siendo cada uno de ellos de melodía y forma bien característica y distinta entre sí.

Si el *sujeto* modula (fuga tonal) el *contrasujeto* que acompaña la *respuesta* presentará una o varias modificaciones paralelas a los cambios que haya sufrido la *respuesta* en relación al *sujeto*. Existe, pues, una *mutación* correspondiente a la *mutación* de la *respuesta*.

El *contrasujeto* sufre tantas *mutaciones* como modulaciones tiene el sujeto, pero como el efecto de éstas no se nota hasta que entra la *respuesta*, por esta razón es absolutamente necesario no buscar nunca el *contrasujeto* sobre la *respuesta* sino al contrario, construirlo sobre el *sujeto*.

---

5.  Una fuga puede, sin embargo, carecer de *contrasujeto* y realizar la *respuesta* sobre un *pedal* aunque esto sea un caso extremo. Puede decirse que carece de *contrasujeto*, asimismo, si el «acompañamiento» de la *respuesta* carece de interés estructural en el resto de la fuga.

## 5. NOTAS AL CONTRASUJETO

1.º Ejemplo de contrapunto doble a la 8.ª («El arte de la fuga»; *Contrapunctus* III).

2.º En la 2.ª sección de la fuga es posible introducir nuevos contrasujetos, sea para sustituirlos en alguno de los correspondientes en la 1.ª sección, sea para combinarlos con ellos.

3.º Pueden emplearse *retardos*, pero no en los puntos en que puedan quedar afectados por una *mutación* (ejemplo de «El clave bien temperado», 23, II).

4.º Ejemplo de contrapunto doble a la 8.ª, con otro contrasujeto al mismo tiempo que no cambia de altura («El clave bien temperado», 12, I).

5.º Ejemplo de contrapunto doble a la 6.ª mayor («El clave bien temperado», 16, II).

cp. 6.ª

inv. 10.ª — aparece invertido a la 10.ª en la tonalidad relativa.

cp. 12.ª

6.º Ejemplo de contrapunto doble a la 10.ª menor («El clave bien temperado», 2, I).

cp. 10.ª

inv. 12.ª — aparece invertido a la 12.ª en la tonalidad de la dominante.

cp. 3.ª

* Mutación de la primera nota por motivos armónicos.

## 6. EXPOSICION O PRIMER GRUPO

Para principiar una fuga se propone el *sujeto* (usualmente solo; posiblemente acompañado de un contrasujeto (o varios); sigue la *respuesta* en otra voz.[6] Una tercera voz entra con el *sujeto* y otra voz repite la *respuesta* haciendo así la 4.ª entrada del tema.

Sea cual sea el número de partes vocales de una fuga, la *exposición* (en la fuga *escolástica*) *nunca* debe dejar de tener 4 entradas. A 2 voces el orden podría ser: *sujeto* (soprano), *respuesta* (bajo), *sujeto* en el bajo después de la *respuesta*, y *respuesta* en el soprano después que el bajo haya expuesto el *sujeto*. Podría expresarse gráficamente así:

Es preferible, para mayor claridad, que el *contrasujeto* entre junto con la *respuesta*, dejando solo al primer enunciado del *tema*. Recuérdese que la *respuesta* tiene que entrar en los mismos tiempos rítmicos que el tema; si éste se inició en el tercer tiempo del compás, la *respuesta* se iniciará igualmente en el tercer tiempo ya que no pueden desplazarse los valores rítmicos que desfigurarían totalmente al *tema*. Caso de que esto no pareciese ser posible, una breve coda puede enlazar el final del *tema* con el *contrasujeto* y permitir así que la *respuesta* entre en su justo lugar.

## 7. LA CONTRAEXPOSICION

No es obligatoria. Es una exposición, que sigue a la *primera exposición*, que contiene sólo 2 entradas. El orden de éstas es *inverso* al que caracteriza la exposición; así, la 1.ª entrada presenta la *respuesta* y la 2.ª entrada el *sujeto*. Además, deberá exponer la *respuesta* una de las voces que habrá presentado el *sujeto* en la exposición y, viceversa, el *sujeto* deberá encontrarse en una de las voces que habrá presentado la *respuesta* en la exposición.

Si el *sujeto* es corto puede escribirse la *contraexposición*; caso de no ser así es mejor no escribirla. La *contraexposición* se escribe siempre en el tono *principal*, lo mismo que la *exposición*.

Entre la *exposición* y la *contraexposición* se intercala un breve episodio llamado *divertimento* en el cual las voces se mueven en un desarrollo libre o con imitaciones. Ejemplo en la fuga 11, I de «El clave bien temperado».

6. Mejor que ésta no sea paralela: es decir, al bajo le contesta el alto, al tenor, el soprano. Esto no es una regla absoluta y muchas fugas se exponen por voces correlativas.

Algunas veces tanto el *sujeto* como la *respuesta* en la *contraexposición* se presentan invertidos. Véase como ejemplo la fuga 15, I de «El clave bien temperado»:

(Bach realiza *tres* entradas en la *contraexposición* en vez de las *dos* usuales; la fuga es a tres voces)

## 8. NOTA SOBRE LA RESPUESTA

No sólo en la *contraexposición* sino también en la primera *respuesta* de la *exposición* puede usarse la *inversión*.[7]

F. W. Marpurg en su *Abhandlung von der Fuge* (Berlín, 1753, 1754) admirador de Bach y comentarista de su «Arte de la fuga», señala que la estricta inversión se llama, en italiano, *al contrario riverso* y, en latín *contrarium stricte reversum*, mientras que a la inversión libre o simple la denomina *al rovescio, motu contrario*, etc.

---

7. Como en la fuga 3, II, en Do ♯ mayor, de «El clave bien temperado».

Bach usa la expresión *in contrario motu* en el *Contrapunctus* XII de «El arte de la fuga» (con la indicación *per augmentationem*) ya que el movimiento contrario no respeta absolutamente los tonos y semitonos aunque sí el movimiento y su dirección. Véase sobre el movimiento contrario las págs. 14 y ss.

J. Brahms en su *Fuge für die Orgel (As-moll)* emplea una inversión estricta:

mientras que en el *Choralvorspiel und Fuge über «O Traurigkeit, o Herzeleid»* escribe una *respuesta* por inversión libre:

Igualmente Schönberg en sus *Variaciones sobre un recitativo*, Op. 40 (1940) emplea el movimiento contrario:

tal como, asimismo, lo hace en la fuga de su Op. 44, *Preludio del Génesis* (1945):

Bach, en «El arte de la fuga», usa el movimiento contrario en la fuga III, a *4 voci*:

## 9. NOTA SOBRE EL MOVIMIENTO *CONTRARIO* Y LA *INVERSION* PROPIAMENTE DICHA

*Movimiento contrario*

La mayor parte de los antiguos compositores de canon y fuga, no han dado mucha importancia a las deformaciones producidas en el tema por la aplicación del *movimiento contrario* a causa de la repartición *desigual* de los tonos y semitonos de la escala; para reducir en lo posible estos inconvenientes procuraban que en la práctica sus temas no se apartasen de los límites de la escala modal denominada escala *menor armónica*, con alteración ascendente del VII.º grado.

Ejemplo: Escala menor armónica de Re.

Empleando el III.$^{er}$ grado como nota común de la escala ascendente y su forma descendente tenemos:

La inversión de los intervalos *no es exacta* pero, el movimiento contrario así realizado, *conserva su misma modalidad.*

Ejemplo de Bach: Tema de «El arte de la fuga»:

---

8. La *respuesta,* —afectada por una mutación—, *antecede* la entrada del *tema* que aquí viene escrito por movimiento contrario (con el III$^{er}$ grado como nota común; la modalidad se conserva aunque la inversión de los intervalos no es exacta). Es éste un caso rarísimo; en el siguiente *Contrapunctus* IV, Bach emplea los mismos temas pero ya en el orden usual.

9. Inversión del tema original, tal como éste aparece en el *Contrapunctus* I, *a 4 voci*.

Movimiento contrario con el III.<sup>er</sup> grado como nota común:

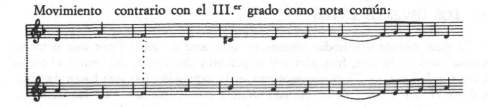

Empleando, en la escala mayor, el II.º grado como nota común, la inversión *es exacta* en sus intervalos, pero su modalidad cambia; así, un tema mayor pasa a menor y viceversa.[10]

Ejemplo con la escala de Do mayor:

En el tono menor la nota común es el IV.º grado; (escala menor natural).
Ejemplo con la escala de re menor:

10. Equivale a la sucesión de tonos y semitonos de la *escala dórica* (medieval), única escala diatónica en que la secuencia ascendente o descendente es idéntica. Cfr. J. J. Fux, *Gradus ad Parnassum* (véase bibliografía):

Comparando las notas de la escala ascendente de la izquierda con la descendente de la derecha la inversión es estricta.

(los intervalos alterados subiendo, se invierten bajando y viceversa).

## 10. LOS DIVERTIMENTOS

El *divertimento* o episodio consiste en una serie de *imitaciones* más o menos cercanas una de la otra, formadas por fragmentos del *sujeto*, del *contrasujeto*, de la *coda* o de las *parte libres* que aparecen en la *exposición* (las que hacen de puente entre el *sujeto* y la entrada del *contrasujeto* por lo que son muy breves en general) y combinadas de tal modo que se forme una entidad coherente, diversa en su expresión a la *exposición* —a pesar de la similitud y de la casi total derivación de sus elementos de ésta—, y que, al mismo tiempo, mantenga una *unidad de contrastes* con la exposición (véase Gedalge, págs. 112 y ss.).

El 1.er *divertimento* da paso a la 2.ª *exposición*, en los tonos vecinos al principal; los tonos a los cuales se hace modular la fuga escolástica son los *cinco* cuya armadura difiere de la del tono principal por un solo accidente de más o menos, —tanto en el modo mayor como en el menor y sus relativos menor y mayor.

Para un tono, el que fuere, las tonalidades vecinas o cercanas son:

En el
modo *mayor*

    1)   el tono menor del II.º grado (supertónica; relativo subdominante)
    2)   el tono menor del III.er grado (mediante; relativo dominante)
    3)   el tono mayor del IV.º grado (subdominante)
    4)   el tono mayor del V.º grado (dominante)
    5)   el tono menor del VI.º grado (superdominante o *relativo menor*)

En el
modo *menor*

    1)   el tono mayor del III.er grado (mediante o *relativo menor*)
    2)   el tono menor del IV.º grado (subdominante)
    3)   el tono menor del V.º grado (dominante)
    4)   el tono mayor del VI.º grado (superdominante; relativo subdominante)
    5)   el tono mayor del VII.º grado (sin alteración; subtónica; relativo dominante)

Después de determinada la *exposición*, se separan cuidadosamente todas las figuras melódicas o rítmicas susceptibles de formar *imitaciones*, o las más favorables a las diversas combinaciones contrapuntísticas siguientes:

1.º   por movimiento *directo*, con o sin .................................. ⎫
2.º   por movimiento *contrario*, con o sin ............................ ⎬ disminución
   ⎭

3.º  por movimiento *retrógrado*, con o sin ..........................  ⎫
4.º  por movimiento *retrógrado* y *contrario* combinados, con o sin  ⎬  aumentación
                                                                      ⎭

## 11.  NOTA SOBRE EL *DIVERTIMENTO O EPISODIO*

El análisis de los diversos tipos de fuga evidencía la variedad de los episodios (que a primera vista parecen considerables); pero un más atento examen muestra como todas ellas derivan de un limitado número de combinaciones que podríamos llamar fundamentales, combinaciones que resultan de la aplicación de las reglas que atañen las *diversas especies de imitación*.

Veamos ahora un resumen de las *seis* especies de combinaciones principales que se emplean en las imitaciones de un *tema de divertimento*:

1.ª  *Cada voz expone una distinta figura*; cada voz se imitará a sí misma, reproduciendo a intervalos diferentes la figura melódica que se le ha atribuido en el antecedente. Este es el procedimiento de las *progresiones* o marchas armónicas y que, en principio, no debería usarse en la fuga a menos de tratarse de un tema muy musical e interesante; en este caso el divertimento se debe construir con temas que no sean demasiado breves.
Este género de combinación se emplea a menudo como final de una de las otras especies de episodio; tiene la ventaja de preparar la entrada del *sujeto* por una progresión más brillante, y en este caso el fragmento que sirve de tema debe ser muy breve.

2.ª  *Todas las partes derivan de un tema principal* que lleva la dirección melódica; las demás partes reproducen fragmentos de este tema imitándose a sí mismas. Es parecida a la 1.ª combinación pero se diferencia en que todas las partes derivan del tema principal.

3.ª  *Dos voces se imitan entre sí*, presentando alternativamente el tema principal; la línea melódica pasa por las dos mismas voces. Las otras partes se imitan una a otra, ya con fragmentos del tema principal del episodio, ya con diversas figuras pertenecientes al *sujeto*, al *contrasujeto*, o a las *partes libres* de la exposición.

4.ª  *Las partes se imitan dos a dos*. El tema principal del divertimento va acompañado por una segunda figura que, en cierto modo, le sirve de contrasujeto y la línea melódica queda constantemente en la misma voz.

5.ª  *El tema principal del episodio aparece imitado en tres voces*. La línea melódica del episodio pasa alternativamente por tres voces; la 4.ª voz podrá, o imitarse a sí misma reproduciendo sin interrupción la misma figura, o tomar de las otras voces alguna de aquellas figuras que no pertenezcan al tema principal, o también podrá formarse con diferentes fragmentos del *sujeto*, del *contrasuje-to* o de las *partes libres* o *codas* de la exposición.

6.ª   *Las cuatro voces se imitan entre sí.* La línea melódica del episodio pasa suce-sivamente por las cuatro partes, que así presentan alternativamente el tema principal del episodio; en esta última combinación se pueden incluir los *di-vertimentos canónicos:* los artificios del canon permiten construir los episodios con una trama interior más sólida y de mayor riqueza melódica.

*Ejemplos de las seis combinaciones:*

1.ª

Elementos que componen el divertimento de la fuga 18, I, de «El clave bien temperado»

Realización del divertimento con los elementos anteriores:

2.ª

Elementos que componen el divertimento de la fuga 22, II, de «El clave bien temperado»

Plan melódico y armónico del divertimento y realización:

A) Entrada del sujeto
B) Entrada del sujeto por movimiento contrario.

Ejemplo del «*Preludio y fuga, BWV 547, en Do mayor*»

sujeto

tema
del episodio

plan melódico del episodio

realización

Nótese la maestría con que Bach evita la monotonía que habría resultado de producirse las imitaciones regularmente en cada voz sobre idénticos tiempos; Bach ha construido el episodio de tal manera que mientras el bajo realiza una progresión *ascendente*, el conjunto de las otras tres voces forma una marcha *descendente*.

3.ª Ejemplo de la *fuga 22, II, de «El clave bien temperado»:* [11]

11. Sobre este divertimento, véase págs. 18 y 19.

**4.ª** *Ejemplo del andante del cuarteto en La mayor, KV. 464, de Mozart.*

**5.ª** *Ejemplo del segundo div. compases 37 ss. de la fuga 22, II, de «El clave bien. temperado».*

6.ª Ejemplo de.la *fuga 24, I, de «El clave bien temperado».*

## 12. LOS MOVIMIENTOS DIRECTO Y CONTRARIO EN LOS EPISODIOS

Todas las figuras de un divertimento son susceptibles de ser tratadas en la forma de imitación por movimiento *contrario*; este movimiento se podrá emplear en combinación con el directo.

Ejemplo de *Mendelssohn, preludio y fuga, op. 37, n.º 3:*

Plan melódico del episodio:

En la realización siguiente las voces se imitan *dos a dos*, unas con el tema por movimiento *contrario*, y las otras con el mismo por movimiento *directo*:

También se presentan —con menos frecuencia— algunas fugas en las cuales todos los elementos del divertimento aparecen por movimiento *contrario*.

Ejemplo de *«El clave bien temperado» 22, II*.

Todas las figuras aparecen por movimiento *contrario*:

El movimiento *retrógrado* y la combinación de los movimientos *retrógrados* y *contrario* se emplean con poca frecuencia en la fuga; no todos los sujetos se prestan a ello.

Ejemplo, *Fuga, de Gedalge (4 Préludes et fugues pour le piano, n.° 3)*: [12]

1.<sup>er</sup> Divertimento con figuras del sujeto; movimiento directo combinado con movimiento *retrógrado*

2.° Divertimento con el mismo tema principal (el sujeto); el movimiento directo está combinado con los *retrógrado* simple y *retrógrado contrario*:

12. Véase Gedalge, págs. 150 y ss.

El proceso de elaboración de un tema por *aumentación* se presenta raramente en los divertimentos; más adelante veremos que este artificio se reserva para el *stretto* (pág. 27).

Bach ofrece un corto ejemplo de *aumentación* en el episodio de la fuga 7, I de «El clave bien temperado»:

El procedimiento que consiste en presentar un tema por *disminución* tiene su aplicación en los episodios antes del *stretto*; al revés de la *aumentación*, la *disminución* tiene por objeto la reducción de un tema a mínimos valores, lo cual permite que las entradas sean más frecuentes y más cercanas las imitaciones. Durante el *stretto* la *aumentación* encuentra terreno a propósito para desarrollarse y, cuando el sujeto se presta a ello, éste puede presentarse varias veces y simultaneamente junto con la respuesta, mientras otra de las voces expone el sujeto por *aumentación*.

El tema tratado por *aumentación* o por *disminución* podrá también presentarse por movimiento *contrario*, movimiento *retrógrado* o bien por movimiento *retrógrado-contrario* a la vez.

Examinemos por último los divertimentos basados en imitaciones por *aumentación-doble*, y por *disminución-doble*; los ejemplos de este género se encuentran principalmente en las fugas escritas sobre un tema *coral*.

*Ejemplo: coral Ach Gott und Herr de J. S. Bach; BWV 693.*

## 13. EL STRETTO

En la *exposición*, las entradas del *sujeto* y las *respuestas* se presentan de manera invariable; cada una de estas entradas solamente principia después de haber terminado la anterior. Si por medio de algún artificio se hace entrar la *respuesta* antes de haber terminado la exposición del *sujeto* completo, se produce la combinación contrapuntística llamada *stretto o estrecho*; ello da lugar a que formen contrapunto una parte del *sujeto* con la *cabeza* o principio de la *respuesta*.

Por extensión, se designa también bajo el nombre de *stretto* el conjunto de la última sección de una fuga en la cual todas las entradas de la *respuesta* se presentan y se acercan más y más a la *cabeza* del *sujeto*.

Asímismo, por extensión, también toman nombre de *stretto* las combinaciones estrechas o apretadas entre la *cabeza* del *contrasujeto del sujeto*, o con la *cabeza* del *contrausjeto de la respuesta*.

Un *stretto* puede presentarse en 4 formas distintas:

1.ª El *tema* del *sujeto* aparece completo hasta el final mientras que la *respuesta* se combina con él; éste es el *stretto canónico*.
   Ejemplo de «El clave bien temperado», 4, I: (posible pero no usado por Bach)

Se incluye en esta primera forma el *stretto canónico inverso* que se produce cuando el *antecedente* lleva la respuesta y el *consecuente* el sujeto.

Ejemplo:

**2.ª** Cuando una voz, principiando el *sujeto*, no continúa completamente todo el *tema* durante la entrada de la *respuesta*. En este caso, o bien se modifica el tema del *sujeto* en la parte final, o bien se le interrumpe para colocar en su lugar otra figura; sin embargo, el *sujeto* deberá continuarse tanto como sea posible hacerlo *musicalmente*.

Ejemplo *de A Gedalge:* [13]

13.  Pág. 157 y ss.

Obsérvese que la 4.ª entrada expone el *sujeto* enteramente, y esto es obligatorio cuando el *stretto* se compone de 4 entradas y en las 3 primeras se han interrumpido el sujeto y la respuesta; esta regla, sin embargo no se aplica, en general, más que el primero, último o penúltimo *stretto*.

3.ª Cuando el *sujeto* está construido de tal forma que resulta imposible su combinación con la *respuesta* se debe interrumpir para que ésta pueda entrar; el *sujeto* debe, sin embargo, continuar ya sea imitando en otro intervalo el fragmento suprimido del *sujeto*, ya sea formando figuras derivadas del *contrasujeto* o del *sujeto*; en ningún caso se permiten figuras nuevas que no se relacionen con las que ya han aparecido en la *exposición* de la fuga.
Ejemplo de una aplicación práctica en la siguiente fuga sobre un tema de César Frank: [14]

14. Del libro de Gedalge (pág. 159).

En la misma fuga se presenta un nuevo *streto* en forma de *stretto inverso*, es decir, en que la *respuesta* precede al *sujeto*:

Al tratar un *stretto* a 4 voces con las entradas muy próximas debe evitarse el modular a cada entrada. El conjunto debe producir la impresión de estar en la misma y única tonalidad y no de un pasaje en el cual alternen los tonos del 1.º y 5.º grados.

Cuídese asimismo de no hacer entrar la *respuesta* sobre el *sujeto*, y recíprocamente, si no se realiza la condición indispensable de que la 1.ª nota de la nueva entrada esté en *concordancia armónica* con la *nota precedente*. Es pues necesario no abandonar el *sujeto* sobre una figura que determine armonías que estén alejadas del tono de la *cabeza* de la *respuesta*; por el contrario, si es posible se escogerá una nota común, que apareciendo en el *sujeto* vaya inmediatamente repetida como 1.ª nota de la *cabeza* de la *respuesta*. En el *stretto* últimamente citado en el cual las imitaciones se presentan con entradas *apretadas* del *sujeto* y la *respuesta*, se podrá comprobar esta regla:

Si no fuera posible establecer una nota común, como en el anterior ejemplo, se colocarán dos notas distintas, pero perteneciendo ambas al mismo acorde.

4.ª  Cuando dos entradas sucesivas del *sujeto* y la *respuesta* se producen a otros intervalos que no son los usuales, éstos se denominan *libres*.

El tercer *divertimento* puede considerarse el lugar idóneo para iniciar los *stretti*; quizá la extensión más equilibrada sea la de 3 *stretti* enlazados con dos episodios como puente. Obsérvese la longitud de este *divertimento* y contrólese su extensión pues en ciertas escuelas de fuga parece darse tanta importancia a los *stretti* que estos superan en importancia a la *exposición* y al resto de la fuga. Esta es una forma derivada de un solo tema, pero, al mismo tiempo, podría definirse como una idea «en continua expansión»; [15] esta continua expansión presupone un equilibrio final para así poder ser comprendida por el oyente. Ninguna de las fugas «de escuela» o académicas podrá tener el más mínimo valor musical si sólo se pretende usar reglas de «utilidad pública»: aún en un ejercicio o estudio es preciso esforzarse en hacer música y el equilibrio entre las diversas partes que componen una obra —un sentido general de la forma, es una de las bases esenciales para que ésta llegue al oyente como un algo coherente y válido.

Resumiendo, podríamos considerar un *stretto* escolástico constituyendo el tercer divertimento como un período de cinco partes, tres *stretti* alternados con dos episodios y constituidos de la siguiente forma:

1.º  Un *primer stretto* con 4 entradas, sean o no canónicas; solamente la cuarta entrada deberá presentar el tema del *sujeto* completo, pudiendo estar o no estar acompañado del *contrasujeto*. Este *primer stretto* debe pertenecer al tono principal de la fuga.

2.º  Un *divertimento* en forma de imitaciones sobre el *sujeto* o el *contrasujeto* con dos entradas por lo menos y conduciendo al 2.º *stretto*.

3.º  Un *segundo stretto* del *sujeto* que podrá componerse sólo de dos entradas en tonalidades vecinas a la principal.

4.º  Un *segundo divertimento* corto y apretado que puede hacerse con el *contrasujeto*.

5.º  Un *tercer stretto* del *sujeto* que si es el último debe contener 4 entradas muy cercanas y en el tono principal de la fuga.

Los movimientos *contrarios*, por *disminución, aumentación,* etc. son utilísimos en los *stretti*.

Ejemplo de stretto por movimiento contrario, de «El clave bien temperado», 22, II:

---

15. En Bukofzer, Manfred F., *Music in the Baroque Era*, Londres, 1948.

Ejemplo de movimiento *contrario* en ciertas voces combinando con un movimiento *directo* en las otras. De «El clave bien temperado», 22, II:

El empleo del procedimiento por *disminución* es muy útil en los *stretti* y la mayoría de los sujetos se prestan a ello; esto facilita la proximidad de las entradas sucesivas aún cuando el sujeto aparezca completamente por entero. Este artificio de la *disminución* puede tratarse también por movimiento *directo* y *contrario*.

Ejemplo de *disminución* de «El clave bien temperado», 9, II:

Se puede dar más variedad a un *stretto* combinando el *sujeto* en sus valores normales con el mismo, por *disminución*; para dar más contraste pueden emplearse los movimientos *directo* y *contrario*.

Ejemplo procedente de «El arte de la fuga» —*Fuga a 4 voci in stile francese:*

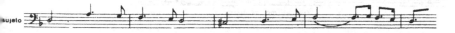

Al contrario de la *disminución*, la *aumentación* produce el aumento de distancias entre las entradas sucesivas; por esto se emplea en la fuga solamente como elemento de contraste, para que resulten mejor las entradas en *stretto*, ya sea en sus valores originales o por *disminución*.

Ejemplo de «El clave bien temperado», 2, II. El *tema* se combina con el *sujeto*, por *aumentación* y con la *respuesta* por movimiento *contrario*:

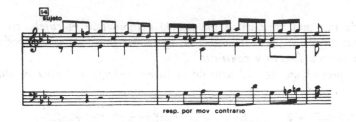

En la fuga en do mayor, BWV 547, de Bach, mientras en las tres voces superiores se combinan la *respuesta original* con la respuesta por movimiento *contrario*, y el *sujeto* por movimiento *contrario*, en el bajo aparece la *respuesta* por aumentación:

En «Ludus Tonalis» (Fuga décima en Re ♭), Hindemith escribe el último *stretto* por movimiento *contrario* apareciendo finalmente el *tema* en movimiento *directo*:

## 14.  CONSTRUCCION DEL STRETTO

El primero y último de los *stretti* deberán reunir las mismas características: ambos pertenecerán al tono principal de la fuga y estarán compuestos de 4 entradas, de las cuales la última solamente está obligada a presentar el tema principal (*sujeto* o *respuesta*) en toda su integridad.

Una sola diferencia separa el primer *stretto* del último, y es la disposición de las entradas de las partes en imitación que deben estar más cercanas unas de las otras, o sea, más apretadas, en el último *stretto* que en el primero.

Los demás *stretti* que puedan construirse en una fuga —aparte el primero y el último—, varían según los sujetos; en ellos se podrá modular y el número de entradas no está establecido de un modo absoluto.

Las distintas maneras de construir un *stretto* se pueden resumir en tres casos:

1.  Las entradas canónicas del *sujeto* y de la *respuesta* se suceden sin interrupción.

2.  Los *stretti* del sujeto y de la respuesta están enlazados entre sí por los *stretti* del *contrasujeto*.

3.  Los *stretti* del *sujeto* y de la *respuesta* están enlazados entre sí por medio de divertimentos.

Ejemplos:
1.º   a)   Se construye un *primer stretto* que contenga cuatro entradas.
     b)   Inmediatamente después del 1.er *stretto* debe comenzar el 2.º, al cual sucede sin interrupción el 3.º, y así sucesivamente hasta la conclusión de la fuga.

        Para evitar la monotonía, los *stretti* sucesivos pueden modular a alguno de los tonos vecinos, sin que a pesar de ello llegue a olvidarse la tonalidad principal de la fuga.

Ejemplo de «El clave bien temperado», 1, I:

Los ejemplos procedentes de las obras de Bach, y en general, de los clásicos y contemporáneos, no siguen *nunca* la forma convencional indicada en los estudios de la fuga escolástica; estos ejemplos académicos débense, pues, considerar a lo sumo como modelos de formas musicales y artísticas inspiradas en los principios básicos de este género. Ninguna ley o teoría garantiza el buen resultado de una obra de arte: el compositor sabe trascender una técnica escolástica para elevar su obra a la categoría de «arte»; por otra parte, de esta misma obra es de donde el teórico extraerá, a posteriori, las leyes que le· parecerán generales y que, a través del análisis de los distintos momentos artísticos, le permitirán realizar la síntesis teórica; pero estos momentos son individuales y únicos. Para la teoría son sólo símbolos e «imágenes guía», nunca absolutos.[16]

2.º  Después de construir un *primer stretto* del *sujeto* y de la *respuesta* con sus cuatro entradas obligatorias, se construye un *primer stretto* con el *contrasujeto*; a éste debe seguir un *segundo stretto* del *sujeto* en una tonalidad vecina y que

16.  Notemos en el ejemplo anterior que 1.ª) contrariamente a las reglas del *stretto*, el primero de ellos presenta sólo *una entrada del sujeto*, seguida de *tres entradas* de la *respuesta*; 2.º) que las tres entradas se producen a distancias *desiguales* de la cabeza del *sujeto*; 3.º) que el último *stretto* sólo contiene *tres* entradas en lugar de las *cuatro* reglamentarias; 4.º) que los diferentes *stretti* están presentados en un orden arbitrario en lo que corresponde a la proximidad de las entradas.

podrá construirse —tal como hemos dicho anteriormente—, a dos voces, en canon riguroso o en imitación libre. Después del *segundo stretto* del *sujeto*, debe seguir un nuevo *stretto* del *contrasujeto* al cual sucederá un *tercer stretto* del *sujeto*, y así sucesivamente hasta la conclusión de la fuga.

Ejemplo: Estúdiese la fuga 5, II de «El clave bien temperado». El tema del *sujeto* de dicha fuga parece confundirse con el del *contrasujeto* formado por la sección final del primero:

Con unos elementos aparentemente tan simples, Bach desarrolla la fuga durante 50 compases sin que el elemento musical y su interés disminuyan en intensidad un solo momento.

3.º  Cuando el *sujeto* de una fuga no se presta a la formulación de las combinaciones canónicas necesarias suficientes para que los *stretti* del *sujeto* y del *contrasujeto* se suceden sin interrupción (caso muy frecuente en la fuga escolástica), se acostumbra entonces a enlazar los *stretti* canónicos diversos por medio de sendos *divertimentos*, o también se colocan éstos entre las entradas interrumpidas del *sujeto* y de la respuesta.

Estos episodios se combinan por el mismo procedimiento empleado en los episodios que preceden al *stretto*, con la única diferencia que los temas deberán ser muy breves y que se derivarán de la *cabeza* del *sujeto*, o de la *respuesta*, o del *contrasujeto*; además, su escritura deberá recordar la de un *stretto* en forma canónica, si es posible, o por lo menos deberán presentar una serie de entradas sucesivas en imitaciones. En estos *divertimentos* se podrán emplear todos los artificios de los movimientos *directo, contrario* y *retrógrado*, así como la *aumentación* y la *disminución* sin olvidar que, cuanto más breves sean, mejor; en caso contrario, un mayor desarrollo disminuiría el interés y el movimiento, dejando una excesiva separación entre las apariciones del *sujeto* y de la *respuesta*.

Ejemplo del tratado de fuga de Gedalge; *stretto* escolástico, con dos divertimentos construidos con el *sujeto* y *contrasujeto* siguientes:

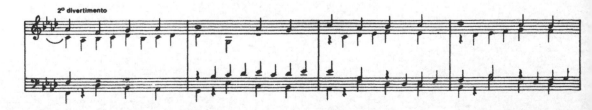

## 15.  EL PEDAL

El *pedal* es una parte de la fuga que toma este nombre del artificio así llamado y que constituye su base. Consiste en la prolongación de una nota durante cierto número de compases en una o más partes.

El *pedal* puede ser único o múltiple; generalmente tiene lugar sobre la *dominante* o sobre la *tónica*, pero se puede producir excepcionalmente sobre otros grados de la escala. Debe principiar y terminar formando *consonancia* con las otras voces y siendo una nota constitutiva consonante de la armonía.

Una de las ventajas del *pedal* colocado sobre la *tónica* o sobre la *dominante*, es el poder mantener la tonalidad principal y al mismo tiempo pasar por distintas tonalidades vecinas; por este procedimiento la trama del desarrollo musical adquiere un punto culminante de solidez siendo así más interesante.

Esta cualidad permite utilizar el *pedal* como preparación en las primeras entradas del *stretto* si es que está colocado antes del primero de estos. En este caso el *pedal* se coloca sobre la *dominante*, o también en algún caso sobre otros grados de la escala, reservando siempre el *pedal* sobre la *tónica* para la conclusión de la fuga.

El *pedal* se coloca generalmente en la parte del bajo (*pedal inferior*) y también, aunque con menos frecuencia, en las voces superiores (*pedal superior*); alguna vez en las voces centrales (*pedal interior*).

El *pedal* puede *duplicarse*, ya en las voces inferiores o en las partes extremas (soprano y bajo); en este caso se emplean simultáneamente el *pedal* de *tónica* y el de *dominante*, pero también se pueden duplicar el uno y el otro de ellos.

Según sea la aparición del *pedal* en una fuga, la marcha de las voces tendrá un movimiento distinto; si el *pedal* se encuentra antes del *stretto*, debe estar precedido por un divertimento, y éste continuará sobre el *pedal*; si al contrario el *pedal* está colocado al final de un *stretto*, se le utilizará para formar otros *stretti* sean o no canónicos, pero siempre con entradas muy cercanas o apretadas.

Digamos —ya que el *pedal* es aquella parte de la fuga en la que se permite mayor libertad— que el pedal se puede aplicar a todas las especies de divertimentos o *stretti* que hemos enumerado.

En el siguiente ejemplo de Bach, procedente de «El arte de la fuga» (fuga VIII, *a 3 voci*) el *pedal* sobre la dominante del IV.º grado se presenta aquí en forma de un divertimento sobre pedal en el cual cada voz se imita a sí misma; es una de las combinaciones que con más frecuencia se emplean en el *pedal*, puesto que permite realizar las progresiones o marchas armónicas en la forma apretada, ya sean diatónicas o cromáticas, y que sirven para preparar la entrada del *stretto*:

En el ejemplo siguiente vemos un *pedal* de dominante sobre el cual se desarrolla un *stretto* libre a 3 partes; el *pedal* termina con una progresión en la cual —como en el anterior ejemplo—, cada parte se imita a sí misma.

Ejemplo de Mendelssohn, fuga para órgano procedente de los tres *Preludios y fugas*, Op. 37 (n.º 3, en Re menor):

Brahms, en su *Requiem Alemán*, op. 45, en el 3.<sup>er</sup> tiempo (comp. 173 al 208), escribe una fuga entera sobre un pedal de tónica —Re mayor—; la escritura orquestal, con la pulsación constante, y *cresc.* de los timbales (en los últimos compases):

y la curiosa escritura de los contrabajos:

más el pedal de los trombones y tuba:

crea una base poderosísima y de la que existen pocos ejemplos; (de manera semejante Hindemith escribe el *preludio* de su *Requiem «When Lilacs Last in the Dooryard Bloom'd»* (1946) sobre un pedal grave de Do ♯ durante 54 compases).

Hindemith, en «Ludus Tonalis» —*Fuga nona in B♭*—, escribe un *pedal* final sobre la tónica; éste viene precedido, en anteriores divertimentos, por *pedales* sobre el tercer grado y la dominante: ello afirma fuertemente la tonalidad principal:

En el final de la fuga para órgano (BWV 541), en Sol mayor, Bach escribe un *pedal* superior de tónica al cual se le añade en los últimos tres compases otro *pedal* inferior de tónica:

Según la fantasía del compositor se pueden escribir diferentes tipos de *pedal*; véase un ejemplo de *pedal interior* sobre la tónica con una bordadura rítmica sobre la sensible. Ejemplo de la *fuga en Do mayor* (BWV 545) de Bach:

## 16. NOTA SOBRE LAS MODULACIONES EN LA FUGA

Intentamos obtener la unidad tonal de la fuga cuidando que las modulaciones no vayan más allá de las tonalidades cercanas o vecinas del tono principal. Véase para esto la pág. 16.

Es regla absoluta que la *exposición*, la *contraexposición*, y el primer y último *stretto*, deberán pertenecer al tono principal del *sujeto*.

En la fuga libre que Bach y demás compositores escriben con frecuencia, la estructura de las modulacionees depende de la inventiva del compositor, mas en la fuga escolástica se establecen una serie de normas que se deben respetar al máximo:

*Sujeto en modo mayor*: Si el *tema* pertenece al modo mayor, la primera modulación será el tono del VI.º grado menor (suponiendo la fuga en Do, modula la); la *respuesta* a la 5.ª conducirá la fuga al III.er grado menor (mi) del tono principal. Por medio de un divertimento pasamos al tono del IV.º grado mayor (Fa) del tono principal, en el cual se presenta el sujeto solamente, puesto que la respuesta a la 5.ª (en Do) nos lleva nuevamente al tono principal; por medio de otro episodio corto, o sin transición, si es posible, se mudula al II.º grado menor (re) en el cual debe hacerse una sola entrada, ya sea del *sujeto* o de la *respuesta*. Se construye después otro divertimento más desarrollado que los precedentes en el curso del cual se puede presentar el *sujeto* en el tono de la dominante —V.º grado—, llegando así al 1.er *stretto* que debe realizarse en la tonalidad del 1.er grado.

El último divertimento, precediendo al 1.er *stretto*, puede terminar con un *pedal* más o menos desarrollado, en general sobre la dominante (o sobre otro grado); este *pedal* puede enlazar con el *stretto* directamente o estar separado de él por un breve descanso sobre la dominante aunque ello no es obligatorio.

*Sujeto en modo menor*: Después de la exposición, un divertimento debe conducir el *sujeto* a la tonalidad del III.er grado mayor (suponiendo la fuga en la menor, a Do) cuya respuesta producirá una modulación al VII.º grado mayor no alterado (Sol); sigue otra modulación al IV.º grado menor (re) cuya respuesta será al VI.º grado (Fa mayor).

Sigue un último episodio —durante el cual el *sujeto* podrá modular a la dominante—, y éste conduce la fuga hasta el 1.er *stretto*.

«No es necesario señalar que las reglas para la modulación en la fuga tienen el valor que se quiera dar a las restantes *leyes* que rigen la forma escolástica.» Esta observación es de un gran compositor, Ralph Vaughan Williams, quien prosigue (en el artículo *Fugue, Grove's Dictionary*, Vol. III, pág. 518): «ni una sola de las fugas de «El clave bien temperado» o de «El arte de la fuga» sigue el esquema de modulaciones prescrito por Cherubini» en su *Cours de contrepoint et de la fugue* (París, 1835). Las reglas de Cherubini para la modulación son las siguientes: para el caso de estar la fuga en el *modo mayor* —dominante, relativo menor, subdominante, supertónica menor, mediante menor, dominante. Cuando la fuga está en el *modo menor* —mediante mayor, dominante menor o submediante mayor o subdominante menor o séptimo mayor.

Esta relatividad de los principios básicos de la fuga hace que debamos considerar su estructura como una *forma abierta*: planteadas las reglas del juego, debemos ser rigurosos con ellas, considerándolas como un medio pero no como un fin absoluto; más avanzará un compositor en el dominio de la técnica, más deberá plantearse de antemano a sí mismo el problema de qué reglas regirán su estructura y qué leyes se impondrá para poder construirla; todo ello presupone un amplio y fuerte sentido de la totalidad de la obra: saber organizar globalmente, como unidad, el acaecer dinámico y lógicamente comprensible del total de una obra. Esto es lo único que puede sustentarla y garantizar su coherencia haciéndola así «obra de arte» y transcendiendo el nivel —alto nivel, por otra parte y que siempre debería existir—, del puro trabajo académico.

Reproducimos a continuación, íntegra, una fuga «académica», aunque escrita por un gran compositor, Georges Enesco; éste la escribió en la clase que dictaba en el Conservatorio de París otro gran músico, Massenet.

Enesco (1881-1955), célebre como violinista, nos ha dejado algunas raras obras maestras, su *Sinfonía de Cámara* (1954), tres Sinfonías y la ópera *Edipo* (1932, primera representación en la Opera de París, 1936) una de las obras dramáticas más notables de la primera mitad del siglo. Sólo el pleno dominio de la técnica más severa permite al compositor dar libre curso a una expresión personalísima y alejada en grado absoluto de cualquier academicismo.

El tema empleado en la fuga es del mismo compositor .

Como nota curiosa reproducimos unas frases de CH. Koechlin, procedentes de su *Etude sur l'écriture de la fugue d'école* (París, 1933): «...dans le traité de Gedalge, il existe une fugue magistrale de G. Enesco... le même Enesco n'obtint d'ailleurs à son concours (1897) qu'un *second accesit*!» (pág. 6); el mismo Koechlin nos habla de ciertos profesores del Conservatorio (de París) que opinan: «Bach n'aurait pas le prix au Conservatoire»... ¿Música o academia? esta lamentable dicotomía —contra la que debemos luchar infatigablemente—, sólo podrá descartarse, con toda su inutilidad, si tanto discípulo como maestro piensan y trabajan con una única idea, la de hacer *música*.

Fuga a 4 voces (con 3 *contrasujetos*), tema de G. Enesco:

Recomendamos encarecidamente, que una vez vistos los ejemplos aquí citados, y ya realizados los ejercicios que el profesor señale, *oír* las obras realizadas, al órgano o al armonium o, como mal menor, al piano ( ¡y esto *siempre* después de la realización sobre la mesa, *jamás* se escriba delante del instrumento! ); óiganse también los ejemplos y obras de los clásicos con la partitura completa y el disco.

Oígase el *total* de la fuga y obsérvese su desarrollo orgánico y sonoro (pues la música tiene que *sonar*; sobre el papel es sólo signo y gráfico aproximado que sólo adquiere su verdadera vida en el acto de ser interpretada), y véase como toda ella forma una unidad con su estricto sentido musical, subjetivo, pero asimismo comprensible como tal para la mayoría de oyentes y cómo cualquier música posee sentido únicamente a través del oído y cómo este sentido está basado y se sustenta en una estructura esencial e íntegramente musical. Búsquese el orden y a través de él fluirán las ideas y la emoción; ésta será tanto más elevada cuanto más musical sea el medio a través del que se exprese el compositor. Con su música, en palabras de Schönberg,[17] trate de expresar sólo aquello que la música puede expresar y sólo aquello que puede expresarse con música. El oyente, por otra parte, se debe esforzar en oír en términos estrictamente musicales aunque también el mismo Schönberg [18] nos dice que tristemente, «son relativamente pocas las personas capaces de comprender, en términos puramente musicales, lo que la música expresa».

Escríbanse los trabajos de fuga para uno o más instrumentos concretos —piano, órgano, cuarteto de cuerdas o vocal—, piénsese en éstos y sus posibilidades. Quien pretende escribir una fuga debe poseer ya unos profundos conocimientos sobre la orquesta y los instrumentos y la manera de expresar la música con ellos; instrumentar, imaginar la música a través del color específico de cada uno de los instrumentos es ,asimismo, componer; así, escribir una fuga será también imaginarla sonando sobre el soporte de una agrupación de instrumentos o voces que le den vida.

Exija el maestro la notación clarísima de todos los parámetros de la música (*crescendos, diminuendos, F, P,* ligados de expresión, fraseo, tesituras instrumentales exactas, etc.); se trata de escribir música, no de colocar una sucesión de notas regidas únicamente por leyes más o menos lógicas.

17. En la edición de las 6 *Bagatelas para cuarteto de cuerda,* op. 9 de A. Webern (Viena, 1924).

18. Recopilado en *El Estilo y la Idea* (Madrid, 1963), pág. 25. Publicado originalmente en *Der Blaue Reiter* (Munich, 1912), pág. 26.

# CAPITULO II

## *Doble, triple y cuádruple fuga*

Definíamos la fuga como una composición en un solo tiempo, basada en un solo tema. Los teóricos aceptan la posibilidad de que en el curso de la fuga haga su aparición un segundo, tercer o cuarto *tema* que pueda más tarde combinarse con el *tema* principal; ésto sería una doble, triple o cuádruple fuga.

Aceptando en principio esta idea quisiéramos ampliarla y considerar la aparición de otros temas, no como algo secundario, sino como una base e idea fundamental para ampliar el desarollo orgánico del total de la fuga con más o menos materiales que permitan una mayor variedad en su estructura y que la hagan más compleja y rica de posibilidades expresivas. No quisiéramos pues considerar los nuevos sujetos como algo secundario sino como una real e importante aportación capaz de iniciar una «super-estructura» por muy compleja que ésta sea.

Tales realizaciones no las hallamos en ninguna de las fugas escritas con anterioridad a la época de Bach. Fue éste quien desarrolló con mano maestra las múltiples posibilidades de la nueva forma.[1] Contemporáneo, aunque anterior artisticamente por su forma de escribir, es Fux de quien, procedente de su *Gradus ad Parnassum* (1725) damos dos ejemplos, uno de contrapunto doble y otro de triple:

Fuga a 4 voces en contrapunto doble a la 8.ª:

1. Quizá podrán catalogarse como dobles fugas los *ricercari* de Andrea Gabrieli (*Il Terzo Libro de ricercari*, Venecia, 1596) (Kassel, 1941-1953; véanse los *ricercari*, núms. 3, 4 y 6).

Fuga triple; el segundo tema escrito en contrapunto doble a la 8.ª; el tercero, en contrapunto doble a la 12.ª:

En su «El arte de la fuga», Bach escribe un grupo de fugas dobles y otro de triples, lo forman el primero cuatro fugas y una el segundo. Véase a este respecto: Chailley, J.: *L'Art de la Fugue de J. S. Bach* (2 vols. París, 1971, 1972). En numeración de Chailley son las fugas dobles los números 17 al 20 inclusive y triple la 21. Su equivalencia en la adición Gal (Londres, 1951) es 9, 10, 11 y 8. La triple fuga final es la 19. Señalamos seguidamente los inicios de los dos temas de las fugas dobles en la edición Gal (por creerla la más asequible):

La triple fuga, inacabada sin que se sepa el motivo exacto, emplea los siguientes temas:

El tercer *tema* se inicia (c. 193) y poco más adelante es abandonado por Bach al comenzar a combinarlo con los anteriores temas (compases 233 al 239, último que escribió de esta obra; véase infra.).

Encarecemos con la máxima insistencia el estudio de estas obras y, en general, de todo «El arte de la fuga», así como de «El clave bien temperado», por considerarlas como la más alta expresión a que un músico haya jamás llegado en el dominio de la técnica puesta al servicio de una auténtica emoción; su equilibrio es insuperable y a esto debe tender todo compositor.

Véanse asimismo las dobles fugas de los *Cuartetos* op. 54, n.º 1 (4.º movimiento) y op. 109 (4.º movimiento) de Max Reger así como la doble fuga de las *Variaciones sobre un tema de Bach*, op. 81 —para piano—, también de Reger. Las dos fugas para cuarteto son largas y complejas: las cuerdas son un vehículo ideal para exposiciones amplias y llenas de matices.[2] En el op. 54, estúdiese cómo Reger combina los dos temas: *exposición*, comp. 1-27; segundo *tema*, en el primer violín, en comp. 79 ss. y combinación de ambos en 291 ss. En el cuarteto op. 109, en el IV tempo *Allegro con grazie e con spirito, tema* primero en comp. 1-5; segundo *sujeto*, en adagio, en comp. 95 y combinación de ambos, en *quasi adagio*, en el comp. 132. El primer cuarteto citado tiene, en su IV tiempo, 389 compases y la fuga del segundo cuarteto, op. 109, consta de 152. Las *Variaciones*, op. 81 —escritas en Munich entre 1901 y 1907—, exigen del pianista, en la línea que inició César Franck en su monumental *Preludio, Coral y Fuga* (1884), un virtuosismo de excepción: la doble fuga (*tema, sostenuto* en comp. 1-4; segundo *tema*, en com. 79 y combinación de ambos en comp. 105; la fuga consta de 130 compases), despliega una fuerza y una pulsión rítmica asombrosas. Véase asimismo la doble fuga (234 compases) en el IV tiempo del *Trio Op. 34* (1924) de P. Hindemith y el final de su *Sonata* para dos pianos (1942), n.º 5, *moderato*.

Finalmente, anotemos que Anton Webern considera que el tercer tiempo de su *I Cantata*, op. 29 (1939) «...dada su estructura, es una doble fuga a cuatro voces...»[3]

Por creerlo de interés incluimos un análisis, procedente de la obra de Gedalge, de la última de las fugas, triple fuga —*fuga a 3 soggetti*—, del «Arte de la fuga»; incluimos también el comentario de Gedalge a esta fuga de Bach:

2.  Véase a este respecto el *Adagio y fuga*, K. V. 546 —original para dos pianos, K. V. 426— de Mozart, escrito para orquesta de cuerdas.

3.  Carta a Willi Reich del 9 de diciembre de 1939; citada en Webern, A. *Verso la Nuova Musica* —pág. 111— (Milán, 1963).

# CONTRAPUNCTUS XIX
## fuga a 3 soggetti

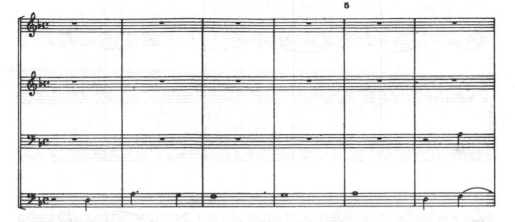

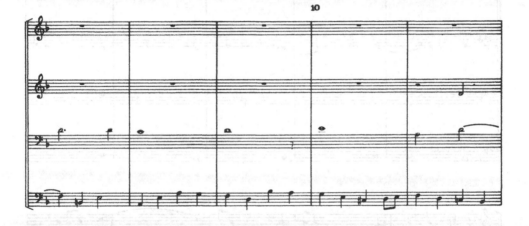

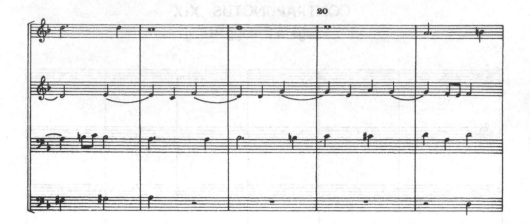

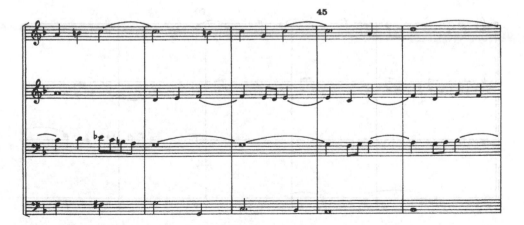

**50**

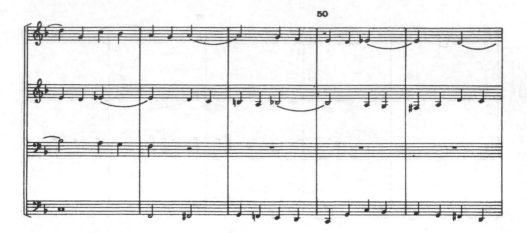

**55**

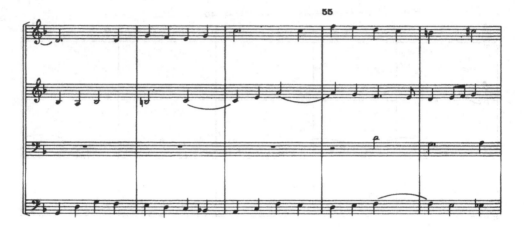

**60**

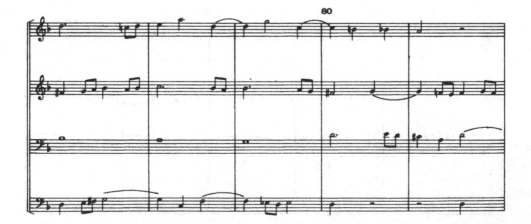

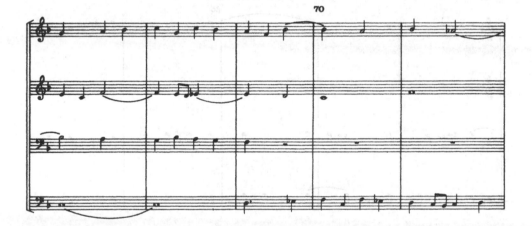

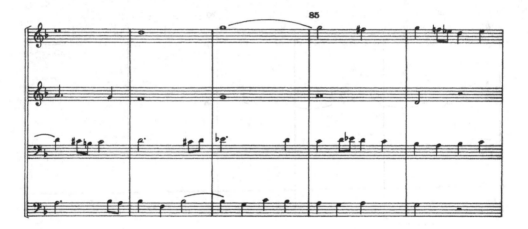

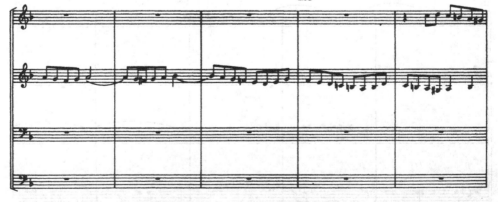

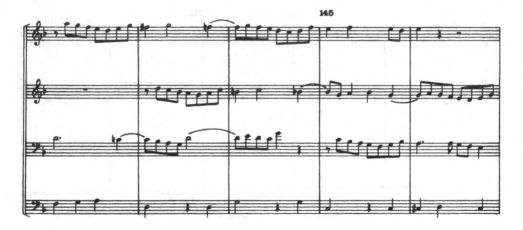

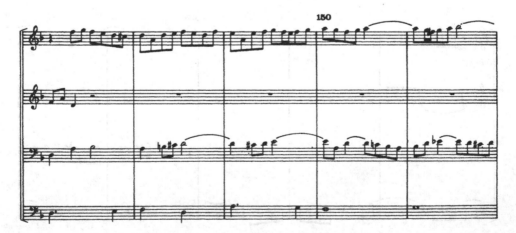

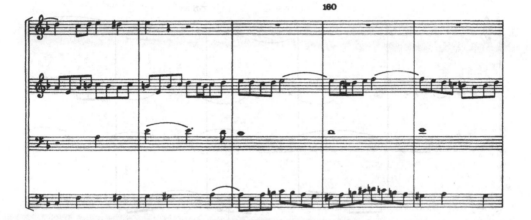

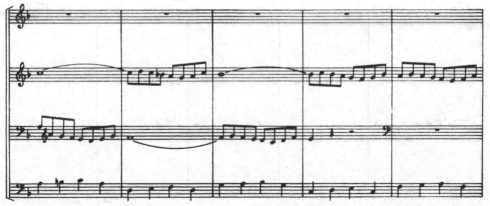

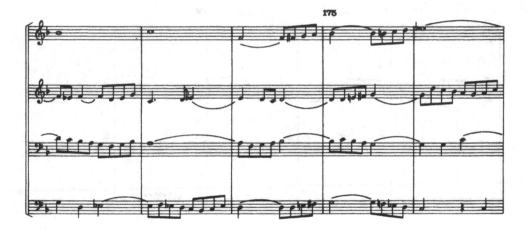

*N.B.– Über dieser Fuge, wo der
Nahme B.A.C.H. im Contrasubje–
angebracht worden, ist
der Verfasser gestorben."*

(Carl Philipp Emanuel Bach)

Obsérvese la unidad tonal de la *exposición; sujeto* y respuesta están en la tonalidad original de re menor (en los compases 15 al 18, Bach escribe, cromáticamente, las tonalidades de sol menor y la menor).

Todo el desarrollo que sigue a la *exposición* viene tratado, no según los principios de la fuga escolástica, sino bajo la forma de *stretti* alternativamente *directos* o *inversos* o por movimiento *contrario*; los temas de los episodios de esta primera parte proceden de los *contrasujetos* de la *exposición*.

En el compás 114 se inicia la *exposición* del 2.º *sujeto*, precedida por un *pedal* sobre la dominante de re menor (obsérvese que las entradas del *sujeto* 1.º sobre el 2.º se realizan a distancias variables de la cabeza de éste aumentando así el interés por esta diferencia); la *exposición* finaliza en el compás 140 al que sigue un episodio de 6 compases, en parte canónico, construido sobre figuras oídas en el compás 126.

En el compás 147, el 2.º *sujeto* reaparece, en re menor, en el soprano y combinándose, en el compás siguiente, con el 1.$^{er}$ *sujeto*, ahora en el bajo. Sigue un episodio muy breve, con los mismos elementos que el precedente, modula a la dominante y prosigue con una nueva combinación del 2.º *sujeto* y del 1.º en el contralto y el tenor. Sigue un nuevo episodio en los compases 162 al 167 continuado por una nueva combinación de los dos *sujetos*, apareciendo el 1.º en el tercer compás del 2.º *sujeto*.

Después del 8.º episodio, el 2.º *sujeto* entra en el tono de la subdominante, en el bajo; mientras, se desarrolla un *stretto canónico del* 1.$^{er}$ *tema* y de la *respuesta*, a partir del compás 182, encadenándose con un episodio que finaliza en el compás 193 con una cadencia perfecta en sol menor (subdominante del tono principal).

Después de esta cadencia se inicia la exposición del 3.$^{er}$ *sujeto* (es el tema «BACH»- Si♭, La, Do, Si♮) iniciándose bajo la forma de un *stretto* entre este tercer *sujeto* y su *respuesta* (la *respuesta* se inicia antes de que el 3.$^{er}$ *tema* se haya desarrollado por completo).

En el compás 198 el tenor expresa de nuevo una figura ya oída anteriormente como *contrasujeto* libre en la exposición del primer *tema* (compases 8, 15 y 20) y que ha sido empleada en los episodios de la primera parte de la fuga. Después de un episodio basado en esta misma figura, el 3.$^{er}$ *tema* reaparece en el tenor (compás 211), seguido, en el compás 213, de una entrada en el contralto, por movimiento *contrario*; sigue luego un *stretto* muy apretado (de medio compás) del 3.$^{er}$ *tema* y de su *respuesta* (algo modificada en su terminación). El bajo inicia, en 222, el 3.$^{er}$ *tema* por movimiento *contrario* y el contralto —en 227— lo enuncia por movimiento *directo*, en el tono de la subdominante; mientras, en las voces libres aparecen diversas figuras procedentes del 2.º *tema*. Un breve episodio (230-233) concluye con una cadencia sobre la dominante del tono de re menor.

La última parte de la fuga (233-239) inicia la conclusión de la obra; en ella asistimos a la combinación de los tres *temas*; en el compás 239, en la voz del tenor desarrollando el 3.$^{er}$ *tema* queda éste como un interrogante, imposible de concluir o descifrar.

Desde un punto de vista académico, y siguiendo el plan que Gedalge propone en su tratado, podríamos exponer el plan de una doble (o triple, o cuádruple fuga)[4] de la siguiente forma:

1. Exposición.
2. Divertimento.
3. Contraexposición (facultativa).
4. Divertimento (si se hace la contraexposición).
5. Tema, en el tono relativo menor (o mayor, según el modo).
6. Divertimento y reposo sobre la Dominante del tono principal.
7. Exposición del nuevo sujeto en el tono principal.
8. Divertimento sobre el nuevo sujeto.
9. 1.er y 2.º temas combinados, en el tono del II grado, si la fuga está en mayor, y del VI, si está en menor.
10. Respuestas, combinadas, del 1.º y del 2.º temas.
11. Divertimento, con elementos de los dos temas, combinados.
12. 1.er y 2.º temas, combinados, en el tono de la subdominante.
13. Divertimento y Pedal de dominante, combinados con elementos procedentes de los sujetos.
14. *Stretti*, y cadencia final.

Esto podría ser un esquema a seguir cuando lo exija la complejidad y los medios de que se disponga para estructurar una fuga doble, triple, etc. Una obra para coros y orquesta, como el *Salmo C*, Op. 106 de Max Reger, parece exigir una gran complicación estructural. Reger escribe su doble fuga final a través de 133 compases; los dos temas vienen anunciados al mismo tiempo:

Véase, asimismo, la *Doppelfuge* de la *Sinfonía Doméstica*, Op. 53 (1904), de R Strauss (pág. 147 de la partitura).

4. Véase un ejemplo de fuga cuádruple en el 5.º tiempo, *Fuga a quattro soggetti*, del *Cuarteto de cuerdes n.º 6*, op. 78 (1936), de Ernst Krenek (Viena, 1937), págs. 40 y ss., así como en la última fuga de la *Partita II*, en el IV vol. de *Harmonices Mundi* (1980) de Josep Soler.

Paul Hindemith escribe la *Fuga prima in C* de sus *Ludus Tonalis*, de 51 compases, en forma de triple fuga:

Combinación de los tres temas

La fuga del «Ludus Tonalis» no es muy larga, menos de la mitad de la de Max Reger, pues asimismo, el medio sonoro es muy diferente.

Semejante a la de Reger en proporciones es la fuga doble, n.° 7, del *Requiem* de Hindemith; su segundo tema se inicia en el compás 74 combinándose con el primer tema en el 119 y ss. La obra alcanza una extensión de 156 compases. Compárense ambas fugas y su situación dentro del total del *Salmo C* y del *Requiem* respectivamente y véase como con diferentes aproximaciones estéticas o de escritura puede lograrse el arrebato y la fuerza motriz características del tipo «fuga para coros, órgano y gran orquesta».

Vigílese la extensión de las fugas que se escriban —ya como ejercicio académico, ya como composición libre—. No conviene alargarlas demasiado —especialmente a base de *stretti*, caso éste típico de las fugas académicas y aún más en las de tipo francés—; una obra muy compleja puede desarrollarse en una extensión relativamente breve mientras que existen obras largas que no resisten el más ligero análisis. El que una obra se escriba para tecla o cuarteto de cuerda no quiere decir que tenga que ser, en longitud, inferior a una para gran orquesta y coros como es el caso de las antes citadas; éstas pueden ser o no ser de gran extensión, pero asimismo la escrita para órgano o piano puede adquirir un desarrollo muy complejo. Piénsese, sin embargo, que cuanto más larga sea una obra, más difícil será controlar su equilibrio formal y los distintos grados de tensiones que la van creando y dándole forma. Si fallan los parámetros de tensión-distensión, si falla este aliento de aspiración-espiración, desaparece el hálito de vida de la obra de arte; esta vida sólo puede ser transmitida por el artista si éste es capaz de aprehender, como un todo, y desde el ángulo que sea, el total de su trabajo; lo verdaderamente artesano, el trabajo bien hecho, presupone la unidad.

La fuga, como forma y estructura es, con seguridad, el mayor logro de la música occidental. Oriente hizo una riquísima aportación —y quizá en la actualidad sigue aún haciéndolo—, en el campo de la rítmica y del *color* sonoro y en la exquisita capacidad de apreciación de los sútiles y leves cambios de las líneas melódicas e instrumentales, variando con una lentitud y delicadeza casi inaprehensibles para un occidental. China, el Islam, la India, Bali, dejaron un inmenso legado con los escritos de sus teóricos y músicos pero por la misma naturaleza de su organización musical, careciendo casi de notación, —o no necesitándola, ya que era un *arte* carente de intenciones artísticas en su mayor parte, recubriendo y enmascarando bajo su apariencia, un estremecimiento místico, sin valores «artísticos» y tratando de aprisionar el misterio de la eternidad bajo el pretexto de un «solaz»—, no pudieron trascender en su técnica y en su artesanía el estadio «mágico» y al no escribir no podieron construir.

La polifonía —realmente, heterofonía—, de oriente es o era la suma y la reunión de ejecutantes y cantantes, no la manifestación sonora de una estructura ideal, pensada como ramificación y desarrollo orgánico de distintas ideas estrictamente musicales sonando a través de instrumentos y voces. Así, el concepto de forma se confunde en oriente con el de «tiempo» y éste, que sustenta el ser y lo patentiza, es espacio en el que vibran unos *sucesos* sonoros pero no es acaecer —sucesión— donde se manifieste la voluntad y la razón ideal de un solo individuo que organiza y crea formas; el tiempo de oriente es impersonal, fundado en el substrato de un subconsciente colectivo que diluye sus personalidades individuales sin dejar emerjer una voz personal y única.

Occidente, en cambio, a mediados de la alta edad media, en los comienzos de la edad teológica, descubre la intimidad del misterio temporal y siente la necesidad de «detener el tiempo», modificarlo, darle forma y petrificarlo mediante la simultaneida de diversos fenómenos musicales, relacionados entre sí y, al mismo tiempo, autónomos: occidente descubre el fenómeno de la polifonía a comienzos del siglo ix como una necesidad de *embellecer* la melodía litúrgica; la polifonía tiene que fijarse por escrito y es preciso redactar leyes que la controlen y consigan realizar el ideal de la música considerada como «la disciplina racional que trata de la unión y la discrepancia de los sonidos según relaciones numéricas»;[5] por otra parte, como ya hemos dicho, el *organista* (=organizador, arquitecto de sonidos) concibe la polifonía como ...*pro ornatu ecclesiasticorum carminum*[6] y la misma necesidad de embellecer el canto llano llevará a Leonin, en el siglo xii, a escribir el *Magnus Liber*. Este gran ciclo de polifonías, siempre a dos voces, escrito para el servicio litúrgico en Notre Dame de París, despliega la inmensa estructura de sus *organa* en los que ya se ha resuelto admirablemente el problema de la simultaneidad de *dos* acaeceres sonoros conviviendo y manifestándose al mismo tiempo; Perotin, su sucesor en la Catedral de París, no dudará en aumentar a tres y a cuatro el número de voces: hasta hoy día, nos atrevemos a afirmar, nadie ha concebido y realizado una estructura tan compleja como los grandes *organa Viderunt, Sederunt*, la cláusula *Mors* —a cuatro voces—, y los demás *organa* a tres. Así, la polifonía tiene la función de embellecer el canto litúrgico según unas «determinadas proporciones».

5. *Scholia Enchiriadis,* en *Source Readings in Music History,* edit. O. Strunk (New York, 1959), pág. 135.
6. *Musica Enchiriadis,* P. L., 32.

Pero en alguna de estas obras ya aparece el germen de una «determinada proporción», de lo que más tarde, en el siglo XVI, será la fuga: la imitación, el canon. Las voces se hablan y se interrelacionan entre sí; no sólo suenan simultáneamente sino que entre ellas hay una especie de diálogo y este diálogo halla su fuente en un solo tema, modificado y manipulado con unas estructuras voluntariamente racionales.

La edad de la teología no supo llevar más adelante esta circunstancia: los compositores posteriores —en especial el tercer gran genio de la época, ya en la baja edad media, Guillaume de Machaut—, quedarán fascinados por el ritmo y por la posibilidad de estructurar una obra con el *Hauptrhythmus*, con los ritmos básicos, tal como Alban Berg, seis siglos más tarde, lo hará en obras como *Der Wein* y *Lulu*: el reinado del *isorritmo* impide el progreso hacia la unidad y, si bien el ritmo es factor unificante, solamente en el siglo XVI se llegará a comprender que el máximo factor unificante proviene de deducir toda una obra de un solo tema.

La gran aportación de occidente ha consistido en saber construir y realizar una unidad partiendo de lo múltiple, de la conjunción de los opuestos; de la suma de lo que, aparentemente era heterogéneo, los músicos occidentales supieron sintetizar la unidad.

La era teológica, la larga y fructífera edad media, halló su fundamento musical en el ritmo, en la pulsación, como estructura —lo que en el Islam, sacralizándolo, se llamó «la palpitación del corazón de Alá»—. Sin embargo, la estructura básica de una multiplicidad de elementos convergiendo a una síntesis y una unidad superior sólo apareció en la época de los descubrimientos, cuando se iniciaba el auge de la burguesía y ésta comenzaba a darse cuenta de su importancia social y económica.

El «retraso» —como «retraso» será la asunción por la burguesía de la disonancia, a comienzos de nuestro siglo—, con que apareció y se desarrolló una forma que habría hallado su justa expresión en la edad media, en la edad del reino del número y la magia, sólo puede comprenderse por el desfase existente siempre entre técnica y expresión: lo «sentido», lo que se comunica, viene articulado y penetrado —existe como acto—, a través de un potencial que se va creando en el inconsciente del artista, y este potencial lo genera y define la época en que él vive; así, la obra realmente innovadora, «nueva», es siempre posterior al momento en que parece «debía» haberse escrito.

La forma *fuga*, una estructura ternaria, basada únicamente y únicamente derivada de un solo *tema*, habría hallado su lugar natural —como expresión sonora de una imagen trinitaria—, en la edad media. Pero fue en el renacimiento y en el barroco, en manos de músicos como Cabezón o Bach, aunque todavía imbuidos del espíritu medieval, donde esta forma arcaica halló su máxima expresión.

En el renacimiento, edad de oro de los grandes polifonistas romanos y españoles, el elemento fugado está presente constantemente tal como, asimismo, aparece en las obras escritas para tecla o para cuerdas pulsadas. Los músicos que conciben estas obras viven en un contexto social en que sólo eran reales las apariencias, los restos de la rígida y teocrática edad media, en la que el poder venía cedido, dado, por la misma divinidad a través de una larga teoría de jerarquías pero, de hecho, eran los elementos clericales y militares los auténticos rectores de la sociedad, institucionalizados y ya totalmente desvinculados los primeros de una ideología auténtica de «salvación» o de reorganización social y cultural para preparar su supuesta labor de abrir camino al «advenimiento del Reino».

Esta progresiva descomposición social en la que, muy lentamente y en una evolución aún en curso, se asistía a la paulatina pérdida de los valores que durante siglos rigieron a Occidente, arropada por la era de los descubrimientos, la apertura de nuevos mercados a través del descubrimiento de América realizado por la ambición de buscar oro y especies y, posteriormente, por la revolución industrial y la aparición en el escenario político de las masas que, más o menos instintivamente, luchaban para conquistar sus derechos y su verdadero lugar en la sociedad, hizo que en el campo musical la técnica se emancipara, asimismo, de su estadio funcional en la corte o en la liturgia. Ya no se trataba de «embellecer» el canto llano sino de organizar estructuras musicales lógicas y comprensibles para la alta burguesía y la corte, en el renacimiento y el barroco, y para la media burguesía y el proletariado, en el período que se extiende desde la Revolución francesa hasta nuestros días. Es por ello, que la fuga, forma arcaica por excelencia, halló su máxima expresión, no en la edad media, sino en el renacimiento y el barroco y es previsible que la vuelva a hallar en nuestros días cuando en tantos países se está intentando elevar al máximo el nivel musical e intelectual de la clase obrera y la media burguesía.

Así, la fuga, que de hecho alcanzó su apogeo con la figura de Bach (1685-1750) —muerto 39 años antes de la Revolución francesa, sólo halló sus más importantes teóricos después de que la Revolución abriera las puertas a un nuevo ciclo de la civilización occidental concluyendo —de hecho— con la aportación que haya podido hacer el cristianismo: lo que la fuga pudo tener de símbolo sagrado vino a ser, ahora, estructura racional, juego numérico o, si se quiere, imagen de la «Harmonices Mundi» y figura de la emoción estructurada que hallamos como ejemplo más claro y definitivo en las obras de la Segunda Escuela de Viena.

Los compositores que trabajaron desde la época de Cabezón hasta Mozart o Beethoven, compusieron sus fugas de un modo casi intuitivo aunque ya Mozart y Beethoven estudiaron las obras de Bach y dedujeron de ellas leyes aplicables a sus propias composiciones. Más tarde aparecieron los teóricos que sintetizaron las reglas y establecieron leyes con lo que fundaron una ciencia.

Pero la ciencia de un arte es sólo «descripción» de éste y los compositores posteriores a Beethoven que se interesaron por el arte de la fuga lo hicieron —y lo hacen—, apoyándose en estas leyes pero. también creando sus propias normas, no reproduciendo y menos imitando; así, Bruckner, Reger, Verdi,[7] Bartók, Hindemith, Schönberg, etc. escribieron sus fugas con su propia manera de aprehender el problema y de solucionarlo; pensamos que una rápida visión de tipo histórico, desde las obras de Cabezón o Tomás de Santa María hasta las de algunos autores actuales, puede ser de interés para el que estudie el arte —o la ciencia—, de la simultaneidad de diversas melodías derivadas todas ellas de un solo *tema*.

El compositor que escribe una fuga o emplea cualquiera de sus formantes (canon, fugados, *stretto*, imitaciones ,etc.) no por ello verá garantizada la bondad del

---

7. Lo citamos por una sola obra, la fuga final de su *Cuarteto* (1873) de cuerdas, obra excepcional.

producto final; el hecho de emplear, aún con gran dominio del oficio, elementos de «alta técnica» o de compleja explicación y estructura nada prejuzga sobre el valor final de una obra. Es posible escribir una composición que emplee la forma sonata, o una fuga, o una triple fuga y posteriormente añadirle su inversión y, más tarde, o al mismo tiempo, añadirle asimismo la retrogradación de la inversión; esto puede ser una obra de arte o no pues depende de múltiples factores pero lo que no asegura en absoluto el que lo sea es el hecho de haber realizado todas estas manipulaciones.

Véase una obra como el *rondeau* «Ma fin est mon commencement» de Guillaume de Machaut.[8] A partir de su mitad (compás 20) la obra viene retrogradada y al mismo tiempo las voces superiores se invierten (el *triplum* y el *cantus* aparecen en contrapunto reversible mientras que el *tenor* se mantiene como bajo); Bach realiza algo semejante y todavía más complejo en *El arte de la fuga* (contrapunctus XVI y XVII; véase asimismo el contrapunctus XVIII aunque no estricto). Un compositor que usara estos artificios *en sí* no conseguiría, con seguridad, unas obras de la categoría de las de Bach o Machaut.

Una observación de R. M. Rilke nos parece que debería ser la guía del compositor en el momento de buscar y justificar sus métodos: «...las extraordinarias cimas a las cuales puede llegar un hombre si permanece atento al llamado de los dones que le son propios y si resiste siempre a la tentación de emplear medios de expresión que no lo expresan con exactitud.»[9]

El compositor y el artista en general tienen que buscar, al precio que sea, el «emplear medios propios y que les expresen con exactitud» sean éstos los que sean; de no ser así, de usarse medios o técnicas extrañas al modo propio e íntimo del artista sólo aparecen falsas copias de un original no comprendido ni asimilado. La fuga, como técnica y como modo de expresión es, sin duda, connatural a Bach, pero en Berlioz, una fuga como la que escribe en el *Sanctus* de su *Requiem* op. 5 (París, 1837) no expresa la alegría del *Hosanna in excelsis*, es sólo técnica, absolutamente heterogénea al resto de la obra. Berlioz consideraba ésta su mejor obra y con él estamos de acuerdo, mas ello no obsta para esta observación: el *Hosanna* viene a ser un fragmento añadido y extraño al resto del *Requiem* y al tipo de escritura empleado en toda la obra.

La fascinación que las complejidades técnicas o intelectuales, los juegos matemáticos, las especulaciones numéricas, etc. han ejercido sobre los compositores de todas las épocas es muy grande; de ello se pueden derivar, en manos de genios como Josquin, Palestrina, Ockeghem, Bach o Webern, obras asimismo geniales. Pero conviene no caer en esta fascinación únicamente por el placer de participar en un juego estrictamente intelectual o mental; lo que pueda hacer una computadora que no lo haga el compositor —y viceversa: el medio *nunca* es el mensaje. Este trasciende lo técnico que, en último término, sólo importa al técnico y al teórico; mas para el oyente, para el músico como tal, lo importante, en palabras de Mussorgsky es «la *comunicación* entre los hombres, no una especulación en sí»: el artista debe dominar

---

8. En *Polyphonic Music of the Fourteenth Century*, Vol. III, pág. 156; edit. Leo Schrade (Mónaco, 1956,[1] 1974[2]).

9. Carta de R. M. Rilke en Paul Klee, *Teoría del arte moderno* (Buenos Aires, 1971).

la técnica, pero ésta únicamente debe estar al servicio de la emoción y esta emoción es preciso que sea común a todos, teóricos, compositores y oyentes.

Antes de exponer en un breve esbozo unas notas históricas sobre la evolución de la fuga quisiéramos reproducir unas observaciones —de hecho, una definición—, de la *fuga* que Schönberg anota en 1936 y que se incluye en el volumen de selección de ensayos publicados por Leonard Stein (Schönberg, *Style and Idea*, Londres, 1975; págs. 297 y 298). En él, y a través de su particular y característica manera de evaluar un problema y de definirlo, Schönberg, en pocas líneas, nos da una clara y concisa formulación de qué es la fuga; creemos que, siendo este texto aún inédito en castellano, puede ser de gran interés su publicación:

«Fuga es una composición con el máximo de contenido auto suficiente y que se basta a sí misma. Cuanto más se manifiesta esta identidad como estructura unitaria del material empleado, tanto más todas sus ramificaciones brotan de una idea básica, —es decir, de un único tema y de la manera con que éste es tratado—, y tanto más es una obra de arte en toda su plenitud. En su más alta expresión, la cual quizá pueda ser una construcción meramente teórica, ninguna figura musical puede hallar su lugar en una fuga a no ser que ésta se derive, por lo menor indirectamente, del tema. En la formulación de dos o más formas del tema (*Dux* y *Comes*) y también al unísono de muchas otras posibilidades, [la fuga] emplea lòs principios de la variación tal como sucede, asimismo, en la escritura de los contrasujetos y del material para los episodios. Pero la manera de acompañar el tema, sea con otras voces, sea mediante contrapuntos reversibles, sea mediante varios tipos de canon o mediante una reinterpretación de tipo armónico, todo ello, también, hay que considerarlo como una forma de variación. En esto, su modo de ser, muestra su identidad consigo misma, si la comparamos con el arte clásico homofónico en donde, además, nuevas figuras procedentes de una figura básica *(Bilder)* están ligadas al total del conjunto de un modo ciertamente lógico».[10]

Esta «ramificación de una idea básica» puede llegar a formas muy complejas. Véase el doble canon, entre violín/violoncelo y clarinete/flautín, en el n.° 18, *Der Mondfleck*, del *Pierrot Lunaire*, transcurriendo al mismo tiempo con una fuga en el piano con el *tema* (del clarinete) en aumentación; el doble canon se retrograda a partir del tercer tiempo del compás 10. Hindemith, en su *Fuga Tertia in F* del *Ludus Tonalis* escribe una fuga que se retrograda, a partir del punto central (compás 30); lo mismo que ya había hecho G. de Machaut en uno de sus *rondeaux*, *Ma fin est mon commencement* (a partir del compás 21 de la edición de L. Schrade, *Polyphonic Music of the Fourteenth Century*, vol. III, págs. 156, 157, Mónaco, 1974).

---

10. Texto escrito originalmente en alemán el 5 de agosto de 1936 y traducido al inglés por Leonard Stein.

# CAPITULO III

## *Notas históricas sobre la evolución de la fuga*

Para una visión global del desarrollo de la forma *fuga*, desde comienzos del siglo XIII hasta finales del XVI (que podríamos cerrar con el *Arte de tañer fantasía*, Valladolid, 1565, de Thomas de Sancta Maria), véanse los libros de A. Mann (1958) y Müller-Blattau (1963) (vid, Bibliografía); ambos estudian con notable acierto los aspectos históricos y las bases técnicas que dieron lugar a esta estructura.

Müller-Blattau analiza asimismo la aparición, en la música de occidente, del canon y el uso de éste como forma constructiva aportando ejemplos de las obras de Perotin *(Viderunt Omnes)* y otras obras anónimas de la escuela de Notre-Dame: el intercambio de voces *(Stimmtausch*, como ya lo encontramos a comienzos del citado *organum* de Perotin) y el canon, persiguiéndose, huyendo una voz de otra [1] marcará el inicio de una manera de hacer que, ya en tiempos de A. de Cabezón, será una estructura netamente idéntica a lo que el mismo Bach podía calificar de *fuga*.

Esta visión histórica, que el estudioso o el lector, debería reconstruir por sí mismo, analizando y copiando los ejemplos que citan los autores antes nombrados y aquellos otros ejemplos que aquí reproducimos, sirve, de forma inmejorable, para situar este fenómeno estructural y para sentar unas bases de trabajo racionales y lógicas para el momento en que pretendamos iniciar unos trabajos de estudio y síntesis y, más adelante, de composición. La estructura básica, como cimiento del trabajo lógico y artesanal, es una estructura histórica, derivada de unas conquistas ya establecidas y aceptadas como válidas; cualquier «adelanto», si no está apoyado y fundamentado en el pasado, es un avance en falso, un camino ciego, ya que las estructuras mentales son siempre estructuras de derivación, no son cuánticas sino aditivas. Así, el arte es un camino, soterrado a veces, pero ininterrumpido.

En esta breve nota histórica insistiremos, en la medida de lo posible, en los teóricos y compositores españoles; la música de nuestro país es, en general, poco conocida y su aportación al arte de la fuga, aunque fragmentaria y no del todo aclarada, es muy notable y merece ser estudiada y apreciada por el estudioso.

A. Mann señala la primera aparición del término *fuga* en los escritos teóricos mu-

---

1. Hecho que dará ocasión al empleo de la palabra *caccia* o *caça* y que más tarde vendrá a ser sinónimo de huída, *fuga*: así aún a comienzos del sig. XVII se seguirá manteniendo, para un canon estricto, el término *fuga* tal como lo hallamos en *Isti sunt duae olivae* (1610) de Sigismondo d'India (ca. 1582-1627) que califica a su obra de *Fuga ad unisonum duabus vocibus* (Fellerer, K. G., *Die Monodie*, Köln, 1968).

sicales ya en una fecha tan antigua como mediados del siglo XIV: ello ocurre en el
*Speculum Musicae* de Jacobo de Lieja; nada se sabe de la vida y obras de este teórico pero lo podemos situar a mediados del siglo XIV. Su *Speculum* se atribuyó, hasta
1924, a Juan de Muris (muerto ca. 1351)[2] y en los *Scriptores* de Coussemaker el
*Speculum* aparece bajo el nombre de éste. En el cap. X, pág. 395 de los *Scrip.*, II,
leemos: «...dividitur autem discantus... in... discantus simpliciter prolatum... et hic
discantandi modus locum habet in discantandibus ecclesiasticis vel organicis in omni
sua parte mensuratis, in conductis... *in fugis*...».

Fuga es, en aquellos momentos, equivalente a *caccia* o *caça* y así lo encontramos
en las obras de Guillaume de Machaut:[3]

## LE LAY DE LA FONTEINNE
### Je ne cesse de prier

2. Véase Strunk, O.: *Source Readings in Music History* (New York, 1950), pág. 180.
3. En *Le lay de la fonteinne*; Schrade, L.: *Polyphonic Music of the Fourteenth Century*
(Mónaco, 1974), Vol. II, págs. 39 y ss.

La *caça* aparece también en el *Llibre Vermell* de Montserrat, (sig. XIV) en los n.ᵒˢ 1, 3 y 4 de la edición de Higini Anglés (Anuario de Musicología, Vol. X. Barcelona, 1955) y del que reproducimos *O Virgo Splendens:*

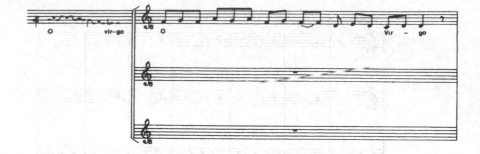

Véase asimismo, inspirado, como el *Llibre Vermell*, en la música francesa de la época, el *Agnus Dei: Crimina Tollis* de Las Huelgas (n.º 23 de la edición de H. Anglés, Vol. III, pág. 31 y 32 (Barcelona, 1931). El Orfeó Català conserva un códice del sig. XIII (Ms. 1) que reproduce una versión anterior y que Anglés transcribe asimismo junto con la versión de Las Huelgas. Véase para una correcta transcripción de ésta, junto con otra versión, en notación más simple, procedente de Ripoll (Ms. II, sig. XIII-XIV, en el Archivo de la Corona de Aragón) el ejemplo que reproducimos procedente de *L'Ars Antiga a Catalunya* de M.ª C. Gómez (*Revista de Musicología, Vol. II, n.º 2, Madrid, 1980*).

Más tarde, un teórico español, Bartolomé Ramos de Pareja, en su *Musica Practica*[4] nos dirá asimismo: «Est tamen modus organizandi optimus, quando organum imitatur tenorem in ascensu aut descensu; non in eodem tempore, sed post unam notulam vel plures incipit in eadem voce eundem cantum facere aut similem in diatessaron vel diapente aut etiam diapason vel in suis compositis ac decompositis sub aut supra. Quem modum practici fugam appellant, propterea quod una vox aliam sequitur simili arsi aut thesi...[5] («Hay, sin embargo, un modo óptimo de organizar: cuando el organum imita al tenor en el ascenso o en el descenso; no al mismo tiempo, sino que tras una o más notas empieza en la misma nota a hacer el mismo canto o similar en diatessaron (a la 4.ª), o diapente (a la 5.ª), o incluso en diapasón (a la

4.  Bolonia, 1482; traducción y edición: Moralejo, J. L. y Zayas, R. de; Madrid, 1977.
5.  Wolf, edit. Leipzig, 1901; pág. 68.

8.ª), o en sus compuestos o descompuestos por debajo o por encima. A este modo lo llaman fuga los prácticos porque una voz sigue a otra con igual arsis y tesis...»).

Ramos de Pareja recomiendo pues, el primero entre los teóricos de la época, escoger para las entradas imitativas los intervalos perfectos de 4.ª, 5.ª y 8.ª. Su obra introduce en la práctica musical la palabra *imitari*, aplicando este verbo a la repetición estricta —y a la libre—, de progresiones de intervalos. Pero su más importante observación, según cita de A. Mann (ob. cit. pág. 11), está en la sugerencia de que la libre imitación puede introducirse en el estilo imitativo en cualquier lugar en que la imitación rigurosa no sea posible; este principio de escritura nos lleva ya al concepto de fuga como tal (en cuanto pueda ser *fuga tonal*) que en los años siguientes llegaría a alcanzar la mayor importancia.

Doce años antes, en el *Diffinitorium musicae* de Johannes Tinctoris (1475) (Coussemaker, IV), la fuga viene definida, en este primer diccionario musical que aparece en occidente, ya como *caccia* o canon: «Fuga est identitas partium cantus quo ad valorem, nomen, formam et interdum quo ad locum notarum et pausarum». (Fuga es la identidad de escritura en el ritmo, en el nombre y forma y las diferentes notas y pausas en las varias partes de una composición). Tinctoris, en su *Liber de arte contrapuncti* (1477),[6] agrupa la fuga con aquellas otras formas que un compositor puede emplear para obtener una *variedad* musical considerando ésto como la más importante de las reglas que dicta en su enseñanza del contrapunto; sugiere, asimismo, que el término *fuga* puede designar *algunas veces* una igualdad de altura (entradas al unísono) en las sucesivas entradas, dando así lugar a la posibilidad de establecer una distinción entre imitación libre y estricta.

La más antigua instrucción para la escritura de obras para órgano, el *Fundamentum organisandi* de Konrad Paumann (1452) nada dice sobre la técnica imitativa, pero el *Fundamentbusch* (ca. 1525) de Johannes Buchner[7] ya contiene una exposición sistemática (vol. I, pág. 34) con el título de *Tabula fugandi artem complectens*:[8]

---

6.  Couss. IV y Seay, A., *Ten Treatises in Manuscript Sources*, CMS 22.
7.  Edit. Schmidt, J. H., Frankfurt, 1974; 2 Vols.
8.  Nótese un error en el ej. citado por A. Mann en la pág. 14 de su libro y corríjase según el original.

# TABULA FUGANDI ARTEM COMPLECTENS

## Fugandi tabula in choralis ascensu

Fugandi tabula in choralis cantus descensu

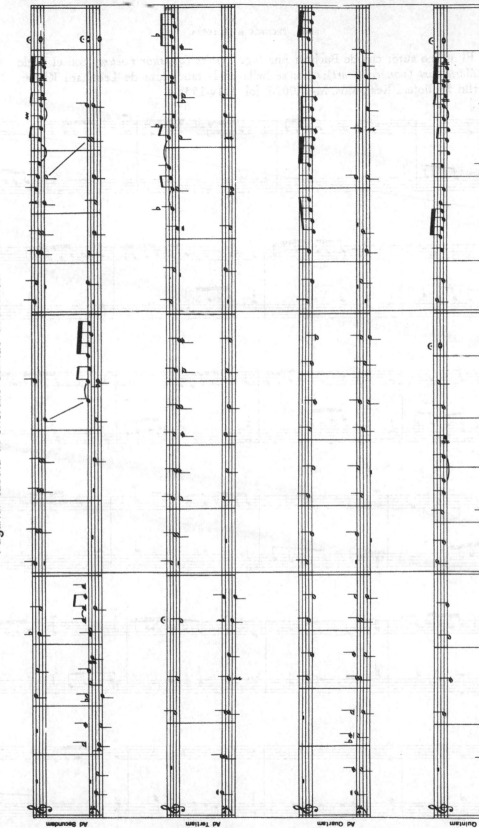

El mismo autor cita de Buchner una *fuga optima (quatuor vocum)* con el título de *Maria zart (von edler art)*; ésta se halla en la tabulatura de Leonhard Kleber, (Berlín, Biblioteca Real. Mus. Ms. 40026, fol. 151v-153v).

Fol. 153r

1) orig Do

1) orig. las 4 ♪ octava baja
2) orig octava baja

La escritura canónica de Buchner es muy semejante a la que en España emplea-rá Antonio de Cabezón; en varias de sus obras hallamos las indicaciones *fugat in tenore, choralis fugat in omnibus vocibus*, etc.; véase el *Kyrie penultimum*, que re-producimos como ejemplo típico de escritura canónica, *fugada*, de este autor.

Las figuras rítmicas y la escritura recuerdan la forma de componer de Cabezón quien asimismo califica de *fugas* a varias de sus obras.

### Choralis fugat in omnibus vocibus, pedaliter

Antonio de Cabezón (1510-1566) compuso varios *tientos* —algunos de ellos con indicaciones como *Fugas a cuatro voces* o bien *Fugas al contrario* (siendo ésta la primera vez, que sepamos, que aparece la fuga por movimiento contrario), que son ya verdaderas fugas en el sentido moderno de la palabra; ya D'Indy,[9] las considera en este sentido y cita (pág. 67) un *Tiento* —procedente del *Libro de Cifra Nueva... de Luys Venegas de Henestrosa* (Alcalá de Henares, 1557),[10] como magnífico ejemplo de su escritura:

9.  Véase Bibliografía.
10.  En la edición de Anglés (Barcelona, 1944), pág. 12.

1) orig Do

Asimismo en sus *Glosados*[11] en los que el elemento fugado no es tan aparente, Cabezón emplea en múltiples piezas, la forma canónica, así, en *Un gay bergeir. Criquillon*:[12]

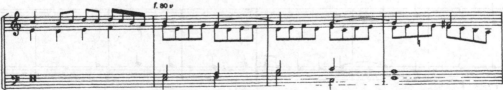

11. Edit. Ester, M. A. (Madrid, 1974).
12. Pág. 31 ss. de la edición citada.

Citamos finalmente, el inicio del *Tiento del Tercer Tono, Fugas al contrario*. En él, Cabezón señala, tal como ya hemos dicho, por vez primera, la forma «por movimiento contrario» [13] con ello se adelanta a su época ya que no parece existir ningún otro ejemplo de tal empleo del material melódico:

13. Edit. Kastner, M. S. Mainz, 1958.

V.éase, como notable y curioso ejemplo, la fuga a 40 voces *Unum colle Deum*, procedente del citado libro de Venegas de Henestrosa [14] y que podría ser interpretada por 10 instrumentos.

Junto con Cabezón y Sancta Maria, Juan Bermudo es uno de los más notables teóricos y compositores de la época; Stevenson en su monografía [15] señala su especial

14.   Edit. Anglés, núm. 112. pág. 163.
15.   *Juan Bermudo*, The Hague, 1960.

personalidad, siendo que se sepa el primero en haber compuesto la más antigua tabulatura española para teclado. En su *Declaración de instrumentos* (Osuna, 1555), Bermudo nos habla[16] de las *grandes habilidades en contrapunto* de los cantores de la capilla real de Granada capaces de improvisar incluso unas *fugas*; reproducimos una *fuga a duo* de su *Declaración* de 1555 (fol. 131v, col. 1):

Thomas de Sancta Maria (1515-1570) publicó en Valladolid, en 1565, su *Arte de Tañer Fantasia*; su libro, dedicado según nos dice su editor moderno, Denis Stevens[17] al detallado análisis del tañer, técnica y sonoridad del clavicordio, es el primero y muy probablemente, el mejor de entre los que más tarde se escribieron sobre esta materia. Su autor, un dominicano del monasterio de Santa María de Atocha, en Madrid, dedicó diez y seis años a su escritura y en él incluye como ejemplos una serie de fantasías y fabordones de una rara calidad. El volumen se publicó con la aprobación del «eminente músico de su Magestad Antonio de Cabezón» y en su segunda parte, capítulo 33, trata *del modo de hazer fugas* (fols. 64 ss.). Apoyándose en la autoridad de *Iusquin*, Sancta Maria alaba el uso de la *fuga* como la «mas perfecta y de mas arte y primor» y nos define la *fuga* como que «quiere decir huyda, esto es que una voz va huyendo, y otra voz va tras ella siguiendo la, y remendando la misma solfa que haze la primera, y con todo esto nunca la alcança».

En el fol. 68r pone un ejemplo de *Fuga a tres vozes* con las siguientes indicaciones: «Para hazer la fuga a tres vozes, la segunda voz guardando un compas, ha de entrar en subdiapason que es octava a baxo de la primera voz, y la tercera voz guardando dos compases, ha de entrar en subdiatessaron, que es quarta a baxo de la primera voz...»:

16. Fol. 134, col. 2; moderna edición, Kastner, S., Kassel, 1957.
17. Gregg International Publishers, 1972.

Reproducimos asimismo un *Exemplo a duo* (fol. 68r), canon a la octava:

Sancta Maria sugiere que aunque se taña un duo sin fuga, «la entrada si posible fuere se haga en fuga, esto es remendando la una voz a la otra, medio compas o mas si ser pudiere, lo qual hermosea mucho el duo, y por consiguiente la musica»: (fol. 68v 69r).

*Exemplo de todo lo sobre dicho* (fol. 69r):

Véase asimismo, la escritura canónica de la *Missa ad Fugam* de Josquin des Prez,[18] así como la *Missa ad Fugam* de Palestrina; [19] Knud Jeppesen en su *Counterpoint* [20] cita (pág. 273 ss.) un ejemplo de *fuga* a cuatro voces —en modo Mixolidio— procedente de la misa *Dies sanctificatus* de Palestrina que reproducimos con las indicaciones de este teórico:

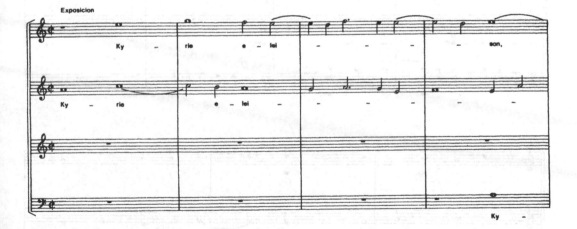

18. *Missarum Liber tertius*. Petruci, 1514; moderna edición (Amsterdam, 1951,[1] 1975 [2]).

19. *Missarum Liber secundus* (Roma, 1577); moderna edición, Casimiri, R. (Roma, 1939 ss.) Vol. IV.

20. Véase Bibliografía.

Francisco Peraza, nacido en Salamanca en 1564 y muerto en Sevilla en 1598, or· ganista y compositor, introdujo notables aportaciones al arte de la fuga de las que, por desgracia, sólo nos queda esta noticia recogida por S. Kastner:[21] «...inventó de manera que á él solo debe España la gracia y primores en el órgano, las novedades gustosas, con la variedad de fugas largas, hasta él nunca vistas en Europa...».

Tomás Luis de Victoria (1548-1611) usó en sus obras, con más circuspección que Palestria, de los artificios canónicos, aunque no por ello deja de dominar, de forma maestra, el movimiento de las voces. Organista y músico de una suprema emoción, reside en Roma y allí sucede en 1572 a Palestrina como maestro de capilla del Colegio Romano donde, probablemente, se relacionó con éste, directamente o por el estudio de su música.

21. Citado por M. S. Kastner en *Contribución al estudio de la música española y portuguesa* (Lisboa, 1941), pág. 163.

Reproducimos, de Victoria, el *Sanctus* de su misa *Ave Maris Stella*[22] procedente de su *Missarum Liber primus* (1576); es éste un notable ejemplo del empleo de lo que se podría calificar de fuga en un estilo semejante al de Palestrina.

## SANCTUS

22.   Edit. H. Anglés en *Opera Omnia, Vol. I* (Barcelona, 1965).

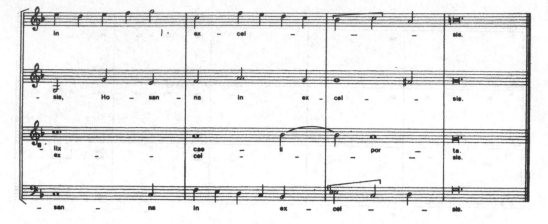

Contemporáneo de Victoria y también sacerdote y residente en Roma como éste, Fernando de las Infantas (Córdoba, 1534 y muerto en 1608) se interesó en grado sumo por los problemas del canon. Un verdadero *tour de force*, en palabras de G. Reese, *Music in the Renaissance*, (New York, 1954. Pág. 610) es una obra titulada *Plura modulationum genera* (Venecia, 1579) dedicada a Felipe II de España; contiene una colección de cien ejercicios de contrapunto desde dos a ocho voces sobre un tema de canto llano (*Laudate Dominum omnes gentes*, entonación del salmo 116); a cuatro voces es el número 59 (pág. 43), *Fuga ad minimam:*

1) original sin pausa breve en el bajo.

Y como apéndice a estos cien ejercicios incluye tres cánones el último de los cua
les es un canon enigmático (por movimiento contrario).[23] Sus trabajos contrapuntísticos muestran una rara habilidad:

23.  Véase Mitjana R.: *Don Fernando de las Infantas* (Madrid, 1918), págs. 81 ss. y 124.

Stevenson en *Spanish Cathedral Music* (Berkeley and Los Angeles, 1961) advierte, pág. 317, que Mitjana en su edición señaló el Si del compás 15 (*) como bemol cuando debería ser natural ya que el canon es un espejo exacto.

El arte de la fuga continuó interesando a los compositores españoles aunque en menor grado e inferior calidad en los resultados. Véase a este respecto *Organistas de la real capilla* [24] y *Seis Fugas para órgano y clave* de Juan de Sessé,[25] siendo ésta la primera publicación española para tecla conservada desde que se editó, en 1626, la *Facultad Organica* de Correa de Arauxo. La obra de Juan de Sessé, publicada en Madrid, sin fecha de impresión, parece que puede datarse de 1773. Su editor actual observa que durante este lapso de tiempo de casi ciento cincuenta años no llegaron a imprimirse ninguna de las obras de Cabanillas, Aguilera de Heredia, Bruna, Casanovas, etc. y que no se ha encontrado evidencia de que se imprimiese música para teclado en España durante estos años.

Recuérdese que, aunque no español, Domenico Scarlatti vivió largos años en España, en la corte, y en ella escribió muchas de sus sonatas. Ninguna de ellas se publicó en España. Véanse de Scarlatti las fugas K 41, K 58 y K 93;[26] la K 41 se editó en Londres en 1739.

La aportación española a este género dejó de ser importante, a lo que parece, a fines del siglo XVIII, con la muerte del P. Soler; éste usó de la fuga o de artificios similares en algunas de su obras. Así las *sonatas* 63 a la 68 [27] donde escribió unos *intentos* entre los que destaca el de la *sonata* 65, en La menor, *intento con movimiento contrario* y que concluye con una *fuga en octava*.[28]

La general decadencia del arte de la música en nuestro país, así como el desconocimiento que los compositores de la época mostraron de las grandes corrientes de los músicos europeos, hicieron que el nivel técnico de las obras compuestas desde fines del siglo XVIII hasta comienzos del siglo XX fuera muy bajo.

En la general decadencia del siglo XIX es notable la excepción de J. C. Arriaga (1806-1826) quien, estudiante en París, escribió una fuga a 8 voces *Et vitam venturi saeculi* que despertó el entusiasmo de Cherubini. La obra se ha perdido pero nos llama la atención el que Cherubini incluya una obra del mismo texto y características en su *Tratado de contrapunto y fuga* (París, 1835) págs. 96 y ss., con una curiosa nota advirtiéndonos que acabó esta fuga (para dos coros y órgano, co-

---

24. Transcripción y prólogo de S. Rubio (Madrid, 1973).
25. Revisión y adaptación de A. Howell (Madrid, 1976).
26. En *Domenico Scarlatti, Sonaten und Fugen für Orgel*, edit. Loeck Hautus (Kassel, 1968).
27. Edit. S. Rubio (Madrid, 1958) Tomo IV.
28. Véase la tesis doctoral de Klaus Ferdinand Heimes *A. Soler's Keyboard Sonatas* (Pretoria, 1965) págs. 120 a 126. Véase, especialmente, la Tabla VI (pág. 124) con un notable análisis de la fuga de la *sonata* n.° 68.

mo la de Arriaga) —notabilísima por otra parte— en 1806 y que Fétis, en 1824, ya había hablado con entusiasmo de ella.

Presionados por la mediocridad general y por el aislamiento que, conscientemente o no, se impusieron los compositores españoles para los que parecen no haber existido las figuras de Bach, Beethoven o las obras del joven Strauss (recuérdese que *Don Juan* es de 1888 y *Don Quijote* de 1897) y que descubrieron a Wagner a través de la *Associació Wagneriana* fundada en 1901, en las obras que escribieron se detectan notables deficiencias técnicas y formales. La proximidad de Francia y la fascinación que París ejercía sobre los españoles de la época tampoco fue motivo para que los compositores se interesaran por todo lo que allí sucedía y así ignoraron por completo las obras de Fauré (el *Requiem*, op. 48 es de 1887) y la gran revolución de Debussy (*La Damoiselle élue* es de 1887, el *Prélude à l'après-midi d'un faune* de 1892-94 y *Pelléas et Mélisande* de 1892-1902).

Figuras tan dotadas musicalmente como Granados y Manuel de Falla, se resentirán del hecho de vivir en una especie de isla cultural y tendrán que realizar grandes esfuerzos —siempre fuera de España—, para superar estas dificultades sin poder llegar a escribir obras en que se patentice el dominio de la gran forma —sonata o fuga—, y sin poder aportar nada importante en el dominio de la música de cámara,[29] auténtica piedra de toque para definir y situar a un compositor

De la aportación europea al arte de la fuga quisiéramos destacar algunas obras de notable escritura. De Handel (1685-1759) las *6 Fugas*, publicadas en 1735, para clave y las *6 pequeñas fugas*, publicadas ca. 1776. Son muy notables los *6 Preludios y Fugas*, Op. 35 de Mendelssohn (1837) así como algunas obras de Beethoven como la *Fuga en re mayor* para órgano (1783), las *Variaciones sobre un tema de Diabelli*, Op. 120 (1823) (variación n.º 32); el *Finale alla Fuga* de las *Variaciones en mi bemol mayor*, Op. 35 (1802) y la célebre *Gran Fuga* (1825), Op. 133 —para cuarteto de cuerda— escrita, según su autor, en estilo «tantôt libre, tantôt recherchée».

A R. Schumann le debemos las *4 Fugas*, Op. 72, para piano (1845), las *7 Piezas en forma de Fugueta*, Op. 126 (1853) y las *6 Fugas sobre el nombre de Bach*, Op. 60 (1845) para órgano o piano con pedales.

Franz Liszt, uno de los más notables compositores del siglo pasado, escribió en 1853/54 la soberbia *Sonata* dedicada a Robert Schumann; en ella incluye una magnífica fuga. Otras dos obras suyas muy notables son la *Fantasía y Fuga sobre el coral: «Ad nos, ad salutarem undam»*, para órgano (1850) y el *Preludio y Fuga sobre el nombre de Bach*, asimismo para órgano (1855/56).

Entre las escasas piezas escritas para órgano por Bruckner se halla el *Preludio y Fuga en do menor* (1847) y la *Fuga en re menor* (1861) aunque la fuga realmente importante es la que escribió para el *Finale* de su *5.ª Sinfonía* (1878); su *9.ª Sinfonía* (1894/96) tenía que finalizar con una fuga aunque Bruckner sólo nos legó seis diferentes fragmentos orquestales del último tiempo (184 hojas de manuscrito) incluyendo una fuga inacabada con el siguiente inicio:

---

29. Excepción es el *Concierto de Clave y 5 instrumentos*, de Falla (1925).

A. Dvořák (1841-1904) incluyó una fuga en su obra maestra *Requiem*, Op. 89 (1890) —en la II parte, n.º 9, *Offertorium*—; de Camille Saint-Saëns (1935-1921) son sus *3 Preludios y Fugas*, Op. 99 y Op. 109 (1894 y 1897) ambos para órgano y sus *6 Fugas*, Op. 161 (1920), para piano; de Rimsky-Korsakov (1844-1908) son las *6 Fugas para piano*, Op. 17 (1875).

A Max Reger se le deben algunas de las más importantes obras contrapuntísticas escritas después de Bach; citamos entre las más notables para teclado: *Fantasía y Fuga sobre el nombre de Bach*, Op. 46 (1900); *Cinco Preludios y Fugas*, Op. 56 (1904); *Variaciones y Fuga sobre un tema original*, Op. 73 (1904), obras éstas para órgano; *Variaciones sobre un tema de Bach*, Op. 81 (1904), para piano; *Cuatro Preludios y Fugas*, Op. 85 (1905), para órgano; *Introducción, Pasacalle y Fuga*, Op. 96 (1906), para dos pianos, y *Seis Preludios y Fugas*, Op. 99 (1907), para piano. Otras obras son el *Salmo Centésimo*, Op. 106 (1909), para coros y orquesta y las *Variaciones* sobre temas de Mozart, Op. 132 (1914) y de Adam Hiller, Op. 100 (1907), para gran orquesta e incluyendo gigantescas fugas; véanse asimismo los *Cuartetos* antes citados.

La música de Reger y su tratamiento de la fuga es, en apariencia, heredera directa de Bach aunque un más profundo análisis —quizá aún no realizado plenamente, ya que es un compositor que está esperando se le sitúe en su verdadero lugar—, demostraría la originalidad y la personalidad con que se plantea el problema de escribir una fuga después de Bach con premisas parecidas a las de éste pero con un espíritu y una mentalidad romántica y moderna a la vez. (Véase Gatscher, E.: *Die Fugentechnik Max Regers* (Stuttgart, 1925) y Trapp, W.: *Die Fuge in der deutschen Romantik von Schubert bis Reger* (Frankfurt, 1958).

En el ámbito francés, a pesar de la importancia dada a la fuga en el Conservatorio de París, pocas son las aportaciones que se puedan citar. Destacan entre ellas el *Thème varié, Fugue et Chanson*, Op. 85 (1925) de V. d'Indy y el *Prélude—Arioso— Fughette sur le nom de Bach* (1932) de A. Honegger. Anteriores a éstos, y aparte las obras ya citadas de C. Franck y Saint-Saëns, sólo destaca la fuga del *Tombeau de Couperin* (1917) de Ravel.

En nuestros días dos compositores se han interesado especialmente en la fuga: Paul Hindemith —en *Ludus Tonalis*— (1942) y D. Schostakowitsch con sus *24 Preludios y Fugas*, Op. 87 (1951). Otro autor, que si bien por estética o por razones estilísticas está muy alejado de la forma *fuga*, la ha empleado en alguna de sus obras, es Igor Strawinsky; véase en especial el preludio y fuga de su *Concerto per due pianoforti soli* (1935).

Béla Bartók, gran contrapuntista, se interesó asimismo por esta forma y la emplea con mano maestra, entre otras obras, tanto en el ya citado primer tiempo de su *Música para cuerdas, percusión y celesta* (1936) (véase más adelante el análisis detallado de esta fuga) como en su *Sonata para violín solo* (en el 2.º tiempo) (1944).

La Segunda Escuela de Viena se interesó sobremanera por los problemas del contrapunto aunque no especialmente por la fuga. Véase, sin embargo, el uso que de esta forma hace Alban Berg en *Wozzeck* (1921) en el Acto II escena 2.ª (Fantasía y fuga con tres temas) y en el Acto III, escena 1.ª (Seis variaciones y doble fuga).

Está a punto de publicarse (1987) una obra escrita por Berg en 1917, *Doble fuga para quinteto de cuerdas y piano*.

Schönberg, posiblemente el más grande de los contrapuntistas modernos, escribe una doble fuga en el *interludio* entre el Acto I y II de *Moises y Aarón* (compases 5 al 31) (ópera finalizada en Barcelona en 1932). Asimismo concluye con una fuga sus *Variaciones sobre un recitativo* Op. 40 (1941), para órgano y también emplea la fuga al final (compás 87 y ss.) de la tercera de sus *Tres Sátiras* Op. 28 (1925); muy notables son sus *30 Cánones* (Kassel, 1963) donde evidencia una mano maestra en el uso del canon.

Véanse de Anton Webern su Op. 16, *Cinco cánones para canto, clarinete y clarinete bajo* (1924), la *Sinfonía Op.* 21 (1928), el *Concierto para nueve instrumentos Op.* 24 (1934), etc., testimoniando todas ellas el gran interés de Webern por las especulaciones contrapuntísticas y canónicas. El III tiempo de su *I Cantata* Op. 29 (1939), según nos dice el mismo Webern, es una doble fuga a cuatro voces.[30]

Citemos como obras muy notables las de F. Busoni (1866-1924) que en su *Fantasia Contrappuntistica* (1910) elabora la *Fuga a 3 Soggetti* del *Arte de la Fuga* de Bach (hasta el 2.º compás de la pág. 22 y prosiguiendo su obra, de 43 págs., a través de un *Intermezzo*, *3 variaciones*, *cadenza*, *fuga IV* (la triple fuga de Bach está desglosada en tres fugas), *corale* y *stretta* (final). Una edición abreviada de esta obra aparece en 1917. En la *Sonatina n.º 5* (1919), escrita «in signo Joannis Sebastiani magni» elabora ,en forma de *collage*, la música de Bach (*Fantasía y fuga en re menor*, BWV 905) con la suya propia. Obra muy notable son las *Variaciones y Fuga sobre un tema de Chopin* (del *preludio en do menor* Op. 28, n.º 20) Op. 22 (1884).

Finalmente quisiéramos señalar la *Pasacalle y Fuga sobre el nombre de Bach* Op. 150 (1932) de Karg-Elert (1877-1933); de Benjamín Britten (1913-1976) el *Preludio y Fuga sobre un tema de Victoria* (1946) para órgano y las *Variaciones y Fuga sobre un tema de Purcell* Op. 34 (1947) para gran orquesta y de Charles Ives (1874-1954) el tercer tiempo de la *4.ª Sinfonía, Fuga, andante moderato* (1916). Entre la producción española destacan, como obras casi únicas en su género, el *Preludio, Recitativo y Fuga* (1947-49) de Josep Cercos (1925) y la fuga final del *Cuarteto* (1975) de Albert Sardà.

En el ámbito francés citamos, en especial, el n.º 6 de *Vint Regardes sur l'Enfant Jésus* (1944) de O. Messiaen, *Par Lui tout a été fait*.

Strawinsky, finalmente, define la fuga como «forma perfecta donde la música carece de significación más allá de sí misma» (*Poética Musical*, Cambridge, Mass. 1942).

---

30.  En A. Webern, *Der Weg zur Neuen Musik* (Viena, 1960) (versión catalana 1982, por Antoni Bosch, editor, Barcelona) y en las *Briefe an Hildegard Jone und Josef Humplik* (Viena, 1959) donde detalla las dificultades con las que tuvo que luchar para poder emplear la forma *fuga* en su *Cantata*.

# CAPITULO IV
## Ejemplos de análisis

### I. BELA BARTOK (1881-1945)

*Música para cuerdas, percusión y celesta* (primer tiempo), Budapest, 1936 (Universal Edition, Viena, 1937).[1]

Compuesta en cuatro partes, su primer tiempo es una *fuga* de 88 compases (más uno, el de anacrusa, que consideramos como tal; a todos los efectos, en el texto, y para evitar una doble numeración, seguimos la del original que se inicia después de la anacrusa).

Las cuerdas se hallan divididas en *dos* grupos: 1.º Violines I y II, violas I, Violoncelos I y Contrabajos I, y 2.º: Violines III y IV, Violas II, Violoncelos II y Contrabajos II.

En este primer tiempo no se usan el piano ni el arpa y las percusiones solamente intervianen en circunstancias especiales (véase infra): la gran caja en *un* compás (56), los cimbales en *dos* (51 y 52), los timbales en *cinco* (34 al 38) y *tres* (53 al 55 y acento en el 56) y la celesta en *una* intervención de una figura pedal de *144 fusas*; el color instrumental está, pues, casi limitado a las cuerdas.

Estas, como ya hemos dicho, están divididas en dos grupos y así, al iniciarse el *tema* en las violas I y II se produce, por su distinta situación, un efecto «estéreo»; por el contrario, los violines de la *segunda* entrada (4) son los violines III y IV, es decir, pertenecen al mismo grupo así como los de la *cuarta* entrada (12) que son los II, del primer grupo; el mismo efecto «estéreo» reaparecerá, no obstante, en la *tercera* entrada (8), en los violoncelos I y II y en la *quinta* y *séptima* en los contrabajos (16 y 27). La *sexta* entrada se realiza únicamente en los violines I (26).

El primer movimiento, *Andante tranquillo,* ♪ ca. 116-112, se inicia con el enunciado del *tema* en violas I y II, con sordina (1 al 4); éste se halla dividido en cuatro secciones o células (*a, b, c* y *d*),, separadas por pausas de corchea; a su vez, estas cuatro células se agrupan en *dos* frases (*A* y *B*), la primera creando una tensión que se resuelve en la segunda; en *A* se recorren todos los grados cromáticos comprendidos desde la nota inicial La —que será también la nota final y que cum-

---

1. Véase *Bartók, sa vie et son oeuvre*, publicado bajo la dirección de Szabolcsi, Bence. (Budapest, 1956 y París, 1968); págs. 88 y ss.: *Introduction aux formes et harmonies Bartókiennes* por Lendvai, Ernö.

ple la función de tónica—, hasta la más aguda de ella, Mi♭; la frase B asciende
hasta Mi ♮ pero desciende hasta Si ♭ formándose así dos ámbitos de distancia de
tritono que vienen encuadrados dentro del típico sistema tonal de Bartók.

Véase a este respecto el citado estudio de Ernö Lendvai del que extraemos unos
breves datos sobre el *sistema de ejes* que regula el uso de la tonalidad en Bartók:
con el La (tónica de la *fuga*) como tónica, el Re, IV.º grado, subdominante y el Mi,
V.º grado, dominante, se puede formar el siguiente diagrama en el círculo de quintas:

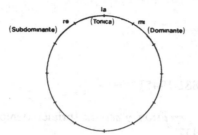

Fa♯, relativo de La y su VI.º grado; Si, relativo de Re y II.º grado de La y Do♯,
relativo de Mi y III grado de La son las áreas tonales a las que asignaremos la misma función que sus relat'vos mayores:

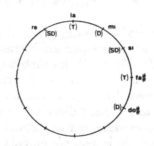

Se observa una constante de relaciones Sub.-Ton.-Dom.; la misma constante se
observa en el círculo de quintas completo:

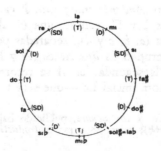

Separando las tres funciones las unas de las otras y denominándolas *ejes* de tónica, de dominante y de subdominante, obtendremos:

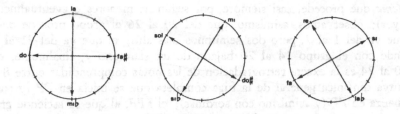

Los puntos opuestos de los ejes son correspondientes y pueden ser reemplazados entre sí sin que cambie su función tonal.

Véase como, en el citado *tema* de la fuga, se establece, según señalamos más abajo, un eje de tónica-ámbito de tritono—, entre el La y el Mi b ; asimismo se establece un eje de dominante entre Mi ♮ y Si b igualmente de tritono (obsérvese que las relaciones de ejes son siempre de tritono).

El *tema*, podemos dividirlo, como ya hemos dicho, en *dos* frases fundamentales, *A y B* (que finalizan ambas con la nota Si b) mientras que las células subordinadas *a* y *c* finalizan en Si ♮ (ámbitos de dominante y subdominante, respectivamente):

Véanse asimismo las relaciones que existen entre *A* y las células *c* y *d*; el grupo *A* parece ser el generador de todo el *tema* y de él se derivan las células citadas *c* y *d* (englobadas bajo la frase *B*):

Numerando las notas del *tema* podemos observar que: del 14 al 19 el grupo resulta igual que desde el 2 al 7, subido en una *tercera menor* (éste intervalo aparece entre 2 y 3 como 2.ª *aumentada* y es el de mayor extensión entre notas consecutivas del *tema* que procede, casi siempre, por segundas menores o eventualmente alguna mayor); observamos, asimismo, que del 20 al 26 el grupo procede del fragmento que va del 1 al 7, pero dos semitonos más alto; el que va del 21 al 27 se corresponde con el grupo 14 al 20 bajado de un semitono y, finalmente, el que va del 20 al 24 es la exacta retrogradación de las notas comprendidas entre 8 y 12.

La curva dinámica general de la fuga completa que se inicia en *PP* (y con sordinas) finaliza en *PP* (y asimismo con sordinas); el *FFF*, al que se asciende gradualmente, se alcanza en el punto culminante (HP, *Höhepunkt*) para decrecer hasta el *PPP* final.

Todo este movimiento viene generado y controlado por la llamada sección áurea; la proporción 1, 2, 3, 5, 8, 13, 21, 34, 55, 89, 144... (serie de Fibonacci) es uno de sus aspectos más sencillos y en ella se basa la fuga de Bartók.

En los primeros 55 compases se crea la tensión que halla su punto culminante en 56 para concluir 34 compases más tarde; la obra consta de 89 compases y podría describirse gráficamente así:

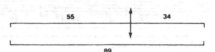

La curva de intensidades viene controlada por el uso de las sordinas: las cuerdas ponen las sordinas en 1; sin sordinas después del 34 y durante los 21 + 13 compases que siguen y vuelven a tocar con las sordinas puestas los últimos 21 compases. En total, con sordina, tocan 34 primeros + 21 finales = 55 y, sin sordinas, tocan 21 + 13 centrales; ello lo podríamos representar así:

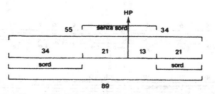

*Estructura de la fuga*

El *tema*, en anacrusa, se inicia en las violas I y II, con sordinas y en compás de 8/8, extendiéndose hasta el final del cuarto compás a través de una sucesión de 12/8, 8/8 y 7/8; este esquema rítmico se repite hasta la 5.ª entrada en que, ocasionalmente, aparece un 9/8.

Los violines III y IV (segundo grupo), con sordinas, introducen la *respuesta* del *tema*, en el compás 4, una 5.ª mayor alta respecto a la primera *entrada* (que era sobre la nota La por lo que ahora será sobre Mi).

En el compás 8 los violoncelos I y II, con sordinas, efectuan la 3.ª *entrada* pero ahora una 5.ª inferior de la primera, es decir, en Re; los violines II, asimismo con sordinas, en el compás 12, en anacrusa —como en todas las otras *entradas*—, entran una 5.ª superior respecto de la 2.ª *entrada*, es decir, en Si, realizando así la 4.ª *entrada*; finalmente, los contrabajos I y II, también en anacrusa y con sordinas, en el compás 16, hacen la 5.ª *entrada* que será una 5.ª baja respecto de la 3.ª *entrada*, es decir, en Sol; obsérvese pues la aparición de una estructura tonal basada en *quintas* ascendentes y descendentes desde un punto común.

Del compás 21 al 26 se extiende un *episodio* (en 10/8, 8/8, 5/8, 6/8, 5/8 y 8/8, sucesión rítmica no empleada con anterioridad) que conduce a la *segunda exposición* en el compás 26. Los violines I, con sordinas, anuncian el *tema* una 5.ª alta respecto de la 4.ª *entrada*, es decir en Fa #. En el siguiente compás 27 el *tema* se combina en *stretto* con la anterior entrada en los violoncelos I y II y contrabajos I y II —con sordinas—, y a una 5.ª inferior respecto de la 5.ª *entrada*, es decir, en Do, extendiéndose del 27 al 34 y concluyendo con ello lo que quizá se podría calificar de *primera sección* de la fuga.

En forma de esquema se podría señalar así:

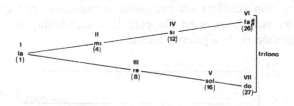

Se trata, pues, de *dos* progresiones por quintas, una ascendente (señalada por los números pares), y otra descendente (números impares) y que llegan hasta alcanzar la distancia de tritono entre ellas: Fa # y Do, tonalidades cuyos temas respectivos, como ya hemos visto, vienen combinados en *stretto*.

Desde el punto de vista instrumental hay que observar en esta sección una aparición progresiva, a la vez que acumulativa, del material: las diferentes partes instrumentales de que dispone Bartók van entrando progresivamente una a una y, hecha su aparición, se mantienen mientras van entrando las demás, logrando de este modo, por acumulación de masa, una gran densidad. En esquema resultaría así:

| | |
|---|---|
| violines I | segunda exp. c. 26 |
| violines II | 4.ª entrada, c. 12 |
| violines III y IV | 2.ª entrada, c. 4 |
| violas | 1.ª entrada |
| violoncelos | 3.ª entrada, c. 8 |
| contrabajos | 5.ª entrada, c. 16 |

En esta sección hay que observar aún lo siguiente: a) que un motivo que parece derivado del *tema* (en él hallamos, por ejemplo, en el compás 6 la sucesión de notas del *tema*, 14, 18, 20, 15, 16, 17, 19) y que se halla anunciado por las violas I y II (5 al 8), iniciándose en La y acompañando la 2.ª *entrada* y que luego, en los violoncelos I y II, en una 5.ª más alta (iniciándose por lo tanto en Mi) acompaña la 4.ª *entrada* (compases 13 al 16), *no* tiene carácter de *contrasujeto* estricto aunque el hecho de repetirse su entrada —en 13 al 16—, parece que posee un carácter emparentado a la idea de un *contrasujeto*; todas estas figuras que acompañan las distintas entradas del tema parece que únicamente se hallan relacionadas entre sí por una voluntad de total cromatización, una especie de pulsión ondulante, presente ya, por otra parte, en el *tema*; b) la 5.ª *entrada* presenta la particularidad de un primer compás en 9/8 en vez de 8/8 como ocurre en las otras. Constatamos también, en 17, dos pausas de corchea en lugar de una; c) la 7.ª *entrada* suprime la pausa de corchea que separa la tercera célula (*c*) —en compás 29—, de la segunda (*b*); como compensación aumenta en una corchea el valor de la penúltima nota de *b* (Re ♮, última nota del compás 28, en 12/8).

La *segunda sección* de la fuga se inicia en el compás 34 (anacrusa en el 33), mediante el *stretto* que inician las violas I y II; aparece ahora un *stretto* que juega con las cuatro células de que consta el *tema* y en sus respectivas entradas (compases 33, 34, 35 y 37) las cuerdas van quitando las sordinas.

La *primera sección* concluía sus progresiones temáticas por quintas en el Fa ♯ para la progresión ascendente y en Do para la descendente; este *stretto* prosigue ahora dicha progresión de la siguiente forma:

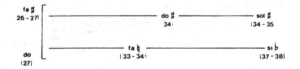

Las entradas que se inician con Fa, Do ♯ y Sol ♯ pasan rápidamente (anacrusas en compases 33, 34 y 35); Fa y Do ♯ se introducen con solo la primera célula del *tema (a)* mientras que Sol ♯ lo hace con la segunda (*b*); en Si ♭ aparecen las células segunda (35), tercera (36) y cuarta (37). En la tercera célula observamos una pequeña mutación, el Si ♮ que se intercala, en el compás 37, entre las notas Re ♮ y Do ♮ (en los violines III y IV).

La región de Si ♭ parece afianzarse: el último compás de este *stretto* (37) inicia la anacrusa del *tema*[2] cuya *cabeza* (célula *a*) se repite (en la anacrusa del 39 y en 40); la célula *b* se repite asimismo en la anacrusa del 40 y en 41. Observamos asimismo la irregularidad de que las pausas de corchea que en el *tema* aparecen entre las notas 13 y 14 y entre 20 y 21 (células *b* y *c*; *c* y *d*) se ven sustituidas por dos corcheas (dos veces la nota Mi ♮ en la anacrusa del 41 y anacrusa del 42).

La *primera sección* finalizaba (compás 26) en PP mientras que la *segunda* se

---

2. Obsérvese otra mutación, ésta al inicio del *tema*, en que la distancia de segunda del *tema* original se ve sustituida por un tritono: Si♭-Fa♭.

inicia *en P*. La tensión crece, entre otros motivos, mediante la entrada de los timbales en 34, el quitar las sordinas desde el 33 y la alteración del *tempo* en 38 que de la ♪ =116-112 pasa a ♪ ca 120-126.

Nótese la influencia del *tempo* como elemento importantísimo en este progresión de tensiones hacia el punto álgido para iniciar la distensión en 63 hasta la ♪ ca 108 en 78 y el *poco rall.* del 87:

| Compás | 1: | ca 116-112 |
|---|---|---|
| | 38: | ca 120-126 |
| | 52: | ca 120-116 |
| | 63: | *poco rall.* |
| | 65: | ca 116-112 |
| | 78: | ca 108 |
| | 87: | *poco rall.* |

Obsérvese, asimismo, de 34 a 38, el *pedal* del timbal y de los contrabajos sobre Si♭; esta nota, en el *tema*, crea la suspensión de éste (tiende a la «tónica» La), suspensión que permite su continuidad y polariza el La como nota pivote, tónica, o nota principal; es decir, el Si♭ actua con verdadera función de dominante, función dinámica de resolución semitonal. Más· adelante, de 53 a 56, los timbales ejecutan el segundo *pedal*, ahora en La (*tónica* de la *fuga*: vid. infr. la nota escrita por el mismo Bartók describiendo el primer tiempo de su obra); el primero de los *dos pedales* consta de 5 compases, el segundo de 3: ambos números pertenecen a la serie de Fibonacci.

El punto culminante se alcanza después de una tensa progresión de 13 compases (de finales del 44 a la caída del 56) en los que los violines I y II insisten repetidas veces (8 hasta el FF del compás 52) en el enunciado de la *cabeza* del *tema* (notas 1 a la 5 incluida y transportadas un tritono superior —correspondientes a la «tonalidad» de Mi♭); sigue, en violines I y II, y por 3 veces, una figura derivada de *b* (notas 10, 11 y 12) y de *c* (notas 16, 17, 18 y 20) y transportada una tercera mayor superior (compases 52, 53 y 54). Una figura ascendente en violines I y II (compás 55), reproduciendo parcialmente las notas 6, 7 (como Si ), 8 y 9, alcanza el climax (nota 10, Mi♭), vértice de la fuga y formante del tritono fundamental de ésta: obsérvese como al citado Mi♭ le anteceden varios La (*pedal* en violines I —compás 52 al 55—, violines II —compases 52 al 55, etc.—. Los contrabajos I y II inician una escala cromática, en 50, que llega hasta el La agudo y luego —compás 52—, desciende durante cuatro compases hasta finalizar en el tritono (segundo en importancia, vid. supra) Mi♮, Si♭ (eje de dominante).

El *pedal* en *La* del timbal se resuelve en un Mi♮ que doblan los violines III y IV, las violas I y II y los violoncelos y contrabajos —reforzado por la única intervención de la gran caja (56)—, así, el bajo del eje de dominante y que suena al mismo tiempo que la nota pivote Mi♭ con lo que en el *Höhepunkt* se unen las áreas de tónica y dominante, queda fuertemente enfatizado.

Avanzando en la progresión de quintas que en los compases 34-35 dejamos en Sol ♯ (ascendente) y en 37-38 en Si♭ (descendente), observamos que las notas siguientes son Re ♯ y Mi ♭ respectivamente, cerrándose así el ciclo de las doce tonalidades y estando la primera (La) y la última (Mi ♭) en la relación de tritono (eje de tónica).

Alcanzado el *Höhepunkt* en el compás 56, se inicia desde este punto la distensión y con ello el retorno a la tónica inicial de La comenzando así la *tercera sección* de la fuga: junto a la progresión de notas pivote agudas por quintas ascendentes en los compases 56, 58 y 61 (en Mi ♭, Si ♭ y Fa), comienza, al mismo tiempo, la progresión de quintas descendentes y que presentan el *tema* en *inversión*: en el compás 56, se inicia en Mi ♭ (violines III y IV, violoncelos y contrabajos) y en el compás 58, con el mismo grupo, en La ♭; el dibujo de los compases 62-63 (asimismo por el mismo grupo) es la cuarta célula, *d*, invertida y partiendo de un Re ♭ oculto (la cuarta célula aparecía desde Do —tercera menor ascendente de La, en el *tema* original—, aquí nace de Si ♭ como tercera menor descendente de Re ♭). La próxima tonalidad descendente será Sol ♭ o Fa ♯.

Siguen *cinco* compases (del 64 al 68) en los que aparece la primera célula del *tema* en *inversión* entrando en Do (violines I) y seguida en *stretto* por la misma célula, transportada sobre Fa ♯ (en violines II, compás 65-66), descendiendo, a distancia de octava, por *tres* veces, del agudo al grave y finalizando con un Re ♭ en los contrabajos que forma tritono con la siguiente entrada, (compás 68) en inversión, del sujeto, en tono de Sol (violines III y IV). El anterior *stretto* insistía en el área de tónica (Fa ♯, Do) mientras que la entrada del compás 68 incide en el eje de dominante y la siguiente lo hará en la de subdominante: violas I y II, en compás 69, en Si, *stretto* en inversión; al mismo tiempo, en los violoncelos I y II, en 69, una figura de tipo contrasujeto libre entra sobre las notas Do-Fa ♯.

En la anacrusa del compás 72 aparece, en los violines II, la entrada en Re, seguida en *stretto* por los violoncelos I y II que la efectúan en Mi (compases 73 al 78).

Desde el compás 56, el esquema del retorno por quintas al La tónica es el siguiente:

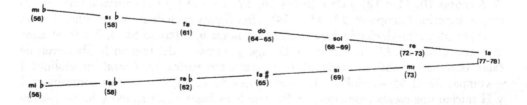

El *tema* aparece, por inversión, en La (compás 77), en los violines I al mismo tiempo que suena, por movimiento directo, en los violines IV (del 77 al 81: *cinco* compases). A partir de este momento estamos ya sobre la tónica fundamental y Bartók nos presenta ambos temas —directo e invertido— simultáneamente; para evidenciar esta *coniunctio oppositorum*, el compositor rodea, como con un halo, al doble *tema* con los arpegios de la celesta en su primera y única intervención: partiendo de Re (ámbito de subdominante), pasando por Mi ♭ (ámbito de tónica), Do ♯

y Mi ♮ (ámbito de dominante), y retrogradando la secuencia, volviendo a Re, la celesta, durante la pulsación de 34 corcheas (el más grande *ostinato* que hallamos en la fuga), acompaña la doble aparición del *tema* (obsérvense los sutiles cambios de ritmo, supresiones de pausas de corcheas, dilataciones de valores, etc. con los que ahora Bartók escribe el *tema*). Otro elemento esencial en una fuga interviene en este momento: el *pedal*.

Hemos constatado antes, la existencia de *dos pedales* (en Si ♭, compases 34 ss. —ámbito de dominante—,) y en La (compases 53 ss.) —ámbito de tónica— considerándolos como una poderosa afirmación de la «tonalidad» principal de La (en el sistema de ejes, Si ♭ es correlativo y correspondiente de Mi, dominante de La).

El *pedal* en La de los compases 53 ss. conducía hasta el clímax de la fuga —56—, allí donde ésta inicia su retroceso tonal hacia su punto de partida. Ahora, cuando el compositor nos introduce el *tema* directo e invertido, lo acompaña de otro *pedal* (compases 78 al 81) con las notas Mi ♭ (eje de tónica, procedente ésta nota del La) (violines II), Mi ♮ (eje de la dominante y correspondiendo por Si ♭) (armónico en los contrabajos, compás 80 y 81) y la nota Re (subdominante de La) (violas II, compases 78 ss.). La entrada del ámbito de la dominante se efectúa más tarde —compás 80 y 81—; quizá se podría interpretar como una afirmación tonal antes de la coda final que descansa toda ella sobre la nota La. Con este *pedal* final son *tres* los pedales que se hallan en la fuga.

Desde el clímax, en el punto álgido de la curva que va de La a Mi ♭, la progresión en quintas —ahora descendente—, ha sido la inversa de la exposición tal como vemos en el gráfico anterior; después de la aparición del *tema* y de su *inversión*, la coda concluye la fuga.

La coda despliega, por última vez, las *dos* células fundamentales del *tema*: *a* y *b*, es decir, el grupo *A*. Siempre en la tónica La se suceden las entradas en *stretto*: los violines II exponen la célula *a* (compás 82) y los violines III y IV, en inversión y a la octava inferior entran en 82-83; las violas I y II, asimismo a la octava inferior —en la anacrusa del 82— exponen el *tema* en directo siendo contestadas por los violoncelos —octava inferior—, en 83 y en inversión (a la célula le falta la última nota) (Después del regulador en *dim.* del compás 81, se supone que los instrumentos entran en *PP* aunque no hay ninguna indicación en la partitura).

Prosigue el *stretto* en los violines I, a cuatro octavas superiores del bajo en la anacrusa del 83. Del *tema*, en directo sólo se enuncian *tres* sonidos ya que de la célula *a* faltan las *dos* últimas notas; la misma operación se realiza en la siguiente entrada de los violines II —por inversión— (compás 84) y en la entrada de los violoncelos I y II en la anacrusa de 84, en directo. La última entrada la realizan las violas I y II, en inversión y a una octava inferior de los violoncelos.

En 86 ss., con carácter de «acorde final de tónica», suena la célula *b* simultáneamente con su inversión: los *tres* últimos compases son una especie de imagen de la gran curva total de la fuga, iniciada en La, alcanzando su punto culminante en su correspondiente Mi ♭ y descendiendo de nuevo a La. Incluso el *poco rall.* refleja la disminución de los *tempos* que se realiza desde el *Höhepunkt* hasta el final.

Obsérvese como la segunda parte del *tema* (compases 87-88) está escrita en aumentación rítmica creciente: primero dos negras, luego una negra con puntillo seguida de una blanca (suma de dos negras) para concluir con la tónica La en redonda (suma de dos blancas) y a la que se le suma una negra.

Obsérvese como la *exposición* de la fuga se realiza con un esquema rítmico [3] —que se repite 5 veces—, de 8/8, 12/8, 8/8, 7/8 (excepción del 9/8 del compás 17). En la tercera sección y a partir del compás 69 se repite este esquema *dos* veces. Después del punto culminante, en 56, *un* compás de 10/8 viene seguido de *dos* grupos de 6/8, *uno* de 7/8, *tres* de 6/8 y *uno* de 5/8.

Señalemos asimismo como la gran caja sólo interviene en *un* compás (56); los cimbales sólo en *dos* (51 y 52) y los timbales en los *dos pedales* (en Si b y La) de 5 y 3 compases respectivamente (el Mi ♮ del 56 tiene una función de reforzamiento). Así, hallamos la sucesión de *1, 2, 3* y *5*. En el grupo de las percusiones, la celesta, finalmènte, en *una* sola intervención de *144* fusas, aporta el número más grande de la sucesión de Fibonacci.

Fiel a su sentido tonal y a su particular sistema de ejes, Bartók concibe la fuga, primer tiempo de su *Música para cuerdas, percusión y celesta*, como un juego de tonalidades, fiel, asimismo, al espíritu y a la idea profunda de la forma *fúga*: una huida de las voces pero huida de dimensión y estructura tonales.[4]

La tonalidad de La no es única en *Música para cuerdas, percusión y celesta*; estructura el primer tiempo y cierra el último. El segundo tiempo está en la tonalidad de Do y el tercero en Fa ♯. Ello realiza la tonalidad global de la obra y le confiere su más íntima unidad.

El mismo Bartók señala estos hechos y, en un brevísimo análisis de su obra, lo especifica claramente; creemos de gran interés reproducir su comentario al primer tiempo:[5] «El primer movimiento (en La) es una fuga de estricto desarrollo. Cada nueva entrada del sujeto se realiza en una tonalidad una quinta superior (entradas, 2.ª, 4.ª, 6.ª, etc.) o en una tonalidad una quinta inferior (entradas, 3.ª, 5.ª, 7.ª, etc.); a más, dos entradas emparentadas —al tema— hacen su aparición en stretto varias veces; algunas veces, las entradas sólo exponen fragmentos del tema. Cuando se ha alcanzado la distancia más lejana en ambas direcciones (Mi b) —el clímax del movimiento—, otras entradas presentan el tema en inversión hasta regresar de nuevo a la tonalidad principal (La). Esto ocurre en el comienzo de la coda donde el sujeto aparece en ambas formas.»[6]

---

3. Véase, sobre el ritmo, Erikson, R.: *La estructura de la música* (Barcelona, 1959) pág. 27 ss. y, en la versión inglesa (New York, 1955), pág. 22 ss.

4. Véase a este respecto lo que dice Adorno sobre la inmanencia de la tonalidad a la forma *fuga* en *Théorie Esthétique* (París, 1974) pág. 266.

5. Incluido en Kroö, György: *A Guide to Bartók* (Budapest, —versión inglesa—, 1974), pág. 184.

6. Agradecemos a la Doctora M.ª Carmen Gómez y a Carles Guinovart, Catedrático en el Conservatorio de Música de Barcelona, el habernos permitido usar sus notas de análisis de esta obra tal como se expuso en el *Curso de Música del siglo XX,* en el citado Conservatorio, durante el curso académico 1973-74.

## II. JOHANN SEBASTIAN BACH (1685-1750)

*Fuga I, a 4 voci (BWV, 846)* de *Das Wohltemperierte Klavier, Vol. I* (G. Henle Verlag, Munich, 1950).

Las «divinas matemáticas» de Bach, son, al mismo tiempo, unas «divinas emociones». La estructura tonal solamente patentiza y sirve de soporte —desvela— a la inmensa expresión y emotividad de su música. Bach supo llevar hasta un grado quizá jamás vuelto a igualar, el supremo atrevimiento de «emocionar» con unos medios estrictamente —y aparentemente— organizadores y estructurales. Pero ya en la edad media el compositor es, ante todo, un organizador, un estructuralista que expresa sus emociones o cumple con la función que de él se espera mediante la ordenación jerárquica de intervalos y modos rítmicos (o agrupaciones neumáticas determinadas): a los autores del *Magnus Liber* o de los grandes *organa* tales como *Viderunt* o *Sederunt* se les denominó *organistas*, los que «organizaban» y, ciertamente, Leonin o Perotin supieron «organizar» su emoción en un supremo equilibrio entre los medios y el fin propuesto: al límite de la emoción no se halla el desorden sino la clara y ordenada estructuración de ésta. Arthur C. Clarke, en *2001, una odisea espacial* (1968) nos presenta a su protagonista, solo en el espacio, escogiendo música que le acompañe en su «silencio»; finalmente «la abstracta arquitectura de Bach» —mezclada con Mozart—, es la única que llega a darle «la paz y el sosiego». Pero «la helada voz del clavicémbalo» enmascara una voz más expresiva y más dramática que la de las efusiones románticas de otros compositores, insoportables para el protagonista que no sabe distinguir entre lo inmediato y lo esencial y cree que aquella música tan abstracta es sólo combinación lógica de elementos determinados a priori: expresión no es exasperación así como el espasmo de lo trágico también puede manifestarse con un férreo y estricto orden; las dos óperas de Berg lo demuestran cumplidamente.[7]

Fuga a cuatro voces, en Do mayor, precedida de un *preludio* en Do mayor.[8] La fuga consta de 27 compases en C.

7. Insistimos en esta ambigüedad, ínsita en tantas obras musicales, especialmente entre la producción de Bach o Mozart, para no caer en el engaño de juzgar o escuchar a estos autores como si sólo fuesen admirables «organistas»: éste fue su medio, pero su fin es la manifestación de la fuerza emocional que a través de ellos halla su camino de salida derramándose en inagotable riqueza. En la cumbre del volcán se halla presente el compositor quien, con su técnica, con su «organización», permite que la lava abrirse camino canalizándola hasta nosotros y haciendo posible que nos pongamos en contacto con ella y la convirtamos en materia propia.

Así, un análisis, por muy complejo que sea, jamás agota las posibilidades de una obra ni menos agota la «descripción» de su esencia expresiva e íntima. Analizar —sea Bartók o Bach— es sólo descubrir algunos de los parámetros en los que se esparce y derrama esta música. Pero su esencia es inagotable y su «emoción», el revés de la trama, está siempre intacto e inasequible para el espectador: trascendiendo al análisis está el misterio de la música y la revelación que a cada espíritu pueda llevarle; esta esencia impalpable y ajena, tanto al compositor como al oyente, es imposible de expresar o analizar: aquí, como en tantas otras circunstancias, el medio *no* es el mensaje y el fin siempre está velado en espera de una «re-velación» o un «des-velar» que ya es una dimensión personal —como una epifanía, un nacimiento en la aprehensión de un verbo inasequible—, imposible de analizar y —más allá— trascendente— a cualquier codificación.

8. Véase el análisis de éste en Schenker, H.: *Five Graphic Music Analyses* (New York, 1969).

Su estructura armónica, en forma de esquema fundamental, podría ser así:

Bach concibe el *tema* de la fuga dentro del ámbito estricto del hexacordo natural (de Do a La, con su semitono característico entre el tercer y el cuarto grado) estructurándolo en la forma de dos tetracordos, uno ascendente y otro descendente, más dos grupos intermedios de tres sonidos separados entre ellos por una distancia de cuarta; estos dos grupos se inician con la dominante y finalizan, asimismo, con la dominante. El primer tetracordo se extiende de la tónica al cuarto grado; el segundo, del sexto grado (tónica del relativo menor) al tercer grado: ambos poseen la misma estructura de dos tonos y un semitono diatónico:

Obsérvese la simetría en la disposición temática, estando divididos los dos grupos por la distancia Mi-La de cuarta.

Bullivant, R., en su *Fugue* (Londres, 1971), señala que esta fuga, bien conocida aunque raramente analizada, se asemeja a una estructura de *ricercare* con un sujeto de tipo *canzona*; en esta fuga, inmediatamente después de la *exposición*, Bach ya inicia sus *stretti* de manera muy cerrada: podría definirse ésta como una contínua exposición del tema original, en constante expansión; como una sucesión de *stretti* sobre un esquema tonal.

Bukofzer, en *Music in the Baroque Era* (Londres, 1948), señala de manera inequívoca y muy clara este talante y esta forma de concebir el fenómeno «fuga»: ...«estrictamente hablando, la fuga era un proceso contrapuntístico en el cual el *dux* y el *comes* se nos presentaban en sus formas de tónica y dominante; ello comprendía un cierto número de artificios contrapuntísticos, como son el doble contrapunto, aumentaciones, disminuciones, inversiones, movimiento cancrizante, etc.; mas todos ellos eran optativos. La única forma real que todas las fugas tenían en común era una *contínua expansión*, realizándose como una cadena de exposiciones fugadas...; ni los *stretti*, ni los «puentes», ni ninguno de los otros artificios contrapuntísticos antes señalados eran indispensables; ésta es la razón por la cual existen una infinita variedad de *formas* de fuga y por lo que ninguna de las fugas de Bach sigue exactamente el mismo molde. Ya que la fuga es un procedimiento, podía ser escrita —y de hecho lo es actualmente—, en estilos completamente diferentes...» [9]

9. Págs. 361, 362; citado por Bullivant en *Fugue*, pág. 111.

*Estructura de la fuga*

En la *exposición* parece que nos hallamos ya frente a una irregularidad: ésta se desarrolla en la forma, *tema, respuesta, respuesta y tema* (compases 1, 2, 4, y 5 y en *contralto, soprano, tenor y bajo*); algunos tratadistas [10] creen que esta especie de gesto de rebeldía con el que Bach inicia su *magnus opus* es un gesto dramático, romántico, pero en realidad ya Fux había señalado esta posibilidad [11] y, asimismo, autores pre-bachianos ya la habían usado: así, Froberger en su *Fantasía 5* y su *Canzona 4* y su *Capriccio 18*.[12] Otros ejemplos los hallamos en el coro *And Every Step He Takes* del *Belshazzar* de Haendel y, también en el mismo Bach, en el *credo* de la *Misa en* Si menor (III, n.º 12, BWV 232).[13] Con todo, no deja de ser notable este inicio con una *exposición* irregular.[14]

El *tema*, iniciado en parte débil, posee una estructura rítmica y un fraseo notablemente sutiles; aunque internamente constituído en forma cuaternaria (véase figura anterior), su inicio, en tiempo débil, el hecho de alcanzar la nota más aguda en la parte más débil del primer compás, el Sol ligado, en el segundo compás —desplazando así el acento del segundo tiempo del compás 2.º—, y la aparición de las cuatro últimas semicorcheas, todo ello hace que este *tema* posea una íntima asimetría [15] y muy en particular, mediante la aparición de la nota ligada hacia el final de la exposición del *tema*, se destruye cualquier acentuación regular.

Véase la entrada del *soprano* —como *respuesta real*—, en el compás 2, efectuándose en el tercer tiempo del compás; ahora el acento rítmico viene desplazado y la cuarta nota del *tema* inicia el tercer compás. Obsérvense, por otra parte, las distancias dentro de las que Bach engloba el *tema*, especialmente las de 4.ª y 5.ª y, también, la sucesión de 4.ª-5.ª-4.ª central:

Mientras transcurre la *respuesta* aparece un *contrasujeto* que afirma la tonalidad de la dominante. Aunque éste parece no volver de nuevo en el resto de la fuga

10. Buys, H. B., *Het Wohltemperirte Clavier van J. S. Bach* (Arnhem, 1955) y Keller, H., *Die Klavierwerke Bachs*, Leipzig, 1950) citados por Bullivant en su *Fugue* (págs. 31-32, nota 11).
11. Ex. 65 y 71, en Mann, A. *The Study of Fugue*, págs. 97 y 105.
12. En DTÖ, Jahrgang IV/1, vol. 8 y X32, vol. 21 y IV/1, vol. 8, respectivamente.
13. Véase Bullivant, ob. citada, pág. 86.
14. Véase asimismo el *Tiento* de Antonio de Cabezón reproducido en las págs. 98 ss. con el mismo tipo de *exposición*.
15. Véase, también, el uso de una corchea con puntillo y las dos fusas del primer compás; la corchea con puntillo del primer compás tiene la misma duración que el *sol* ligado del 2.º Ambas notas tienen una función de «resorte»: producen una descarga de valores más breves: primero fusas y después semicorcheas, las únicas que aparecen en el *tema*.

y que nos hallemos ante una fuga sin *contrasujeto*, de él se derivan multitud de
frases en directo y por *inversión* que detallamos en las siguientes tablas:

Cada una de las fugas de Bach es una entidad y una estructura en sí: de un análisis más o menos complejo —aún de todas ellas—, no se podría sintetizar una forma tipo «fuga» abstracta; su mérito supremo estriba en su individualidad y en sus características propias partiendo siempre de una base estructural relativamente unitaria: la emoción y su epifanía se nos transmiten mediante una «forma», abstracta y racional mas no por ello rígida o condicionante; la claridad del concepto, en manos del «organista», viene a ser «sonido interior», enigmático y «místico»: conversa con el espectador y lo «recubre», fecundándolo con la oculta fuerza de la anamnesis arquetípica transmitiéndole así el «sonido» —o su recuerdo o imagen— primordial y básico. Todo artista —y Bach, como Mozart, consigue este nivel de equilibrio casi sobrehumano—, es un instrumento de la *necesidad interior* y su voz irracional: la esfinge expresa e interroga con sus enigmas, pero la solución a estos —la respuesta— a través de la obra de arte, es un enigma arcano aún mayor y más profundo: el arte se halla en la búsqueda de una respuesta y ésta —por su misma esencia— es ambigua: el oráculo no afirma ni niega, emite signos y éstos continuan el diálogo —que nunca verá su fin— con la esfinge, inasible pero presente e inevitable.[16]

Bullivant, en su ya citado libro *Fugue*, observa (pág. 148) que la primera fuga de *El clave bien temperado*, «...por muy buenas razones, está más allá de la comprensión de los teóricos convencionales...»; pero no es a éstos a quienes se dirige esta *Introducción*: el músico verdadero y el compositor verdadero están siempre «más allá de ser teóricos convencionales». Su forma de estructurar y trabajar la música no es nunca una «receta» de probada eficacia ni un grupo de leyes codificadas académicamente. No es de extrañar el que Bach —músico y artista como el que más—, huyera de cualquier forma estereotipada y «útil» ya que tal como nos enseña su obra y así lo creemos, componer es huir siempre de fórmulas, especialmente si éstas son «de utilidad pública».

La fuga se mueve ahora —final del compás 5 y comienzo del 6— hacia el área de la subdominante por la que pasará brevemente. Obsérvese que el *tema* se extiende a lo largo del exacordo Do-La y en él no aparece la *sensible*, la nota Si, que se puede presentar ♮ o ♭ permitiendo así mover la línea temática de forma ambigua entre el tono de Do y el de su subdominante Fa. La nota inicial del *tema* señala la tonalidad de éste [17] pero en sí, éste posee una ambivalencia que el compositor maneja de forma magistral. Así, en el *stretto* del compás 7, la segunda entrada (en Sol, ya que se inicia con esta nota y la fuga es *real*) no posee la nota Fa ♯ que sería la nota diferencial. Este aparece en la voz del bajo afirmando el tono de Sol (en anacrusa del compás 7 y en 8) pero no en el *tema*. No es un detalle sin importancia el que en una fuga de gran proliferación de *stretti* como es ésta, no aparezca el VII.º grado en el *tema*. Ello permite una mayor unidad tonal, es decir, unidad de estilo diatónico con pocas modulaciones.

## La contraexposición

Consta de dos entradas, en *soprano* y *tenor*; la voz del *tenor* entra, en *stretto*, sobre la tercera nota del *soprano*, en el compás 7.

Después de rozar el ámbito de la subdominante, la fuga se mueve hacia la dominante (compases 7 y ss.) con el relativo de la subdominante (re menor) intercalado en el compás 8; el análisis armónico deviene relativo y ambiguo ya que esta música es estrictamente contrapuntística (a pesar de un férreo control de la sucesión tonal y sus modulaciones) y su desarrollo sólo tiene sentido cuando se contempla horizontalmente. Así, se producen múltiples enlaces y mezclas de voces —y acordes resultantes—, en diferentes áreas tonales creándose una especie de politonalidad. Parece que tendría más razón de ser una denominación de *región* o *ámbito* que una estricta catalogación vertical y por enlace o sucesión de acordes considerados como sumas de sonidos: estamos ante la simultaneidad de diferentes melodías interrelacionadas y no siempre del mismo signo tonal.

16.  Vid. Kandinsky, Wassily, *De lo espiritual en el arte* (Barcelona, 1973).
17.  Aunque no siempre, véase infra.

## La segunda exposición

Se desarrolla en la región de la dominante, iniciándose en el compás 9 con *cuatro* entradas: contralto en Sol, bajo en Sol (en el compás 10), contralto en Re (anacrusa de 10 y ss.; tono de Sol pero con Re como nota inicial; esta nota inicial casi siempre define la tonalidad del fragmento melódico pero no siempre; así, en el compás 12 el *tema* se inicia en Mi pero la escala es de la menor) y, finalmente, tenor en Mi, en el compás 12 (región de la menor, relativo al Do).

Esta última entrada produce una serie de alteraciones en los tonos y semitonos del *tema*; en el compás 17, en el tenor, hallamos su transposición a re menor y, más lejos, en el compás 19, en el tenor, se repite aún con más alteraciones. D'Indy, en su *Cours de Composition Musicale* (págs. 50 y 63) juzga muy severamente y desde un punto de vista estrictamente académico estas mutaciones de un tema mayor a menor. Ch. Koechlin, en su *Etude sur l'écriture de la fugue* señala múltiples lugares en los que Bach, en esta fuga, actúa de modo poco ortodoxo aunque sin emitir, en este caso y dada la diferente personalidad del escritor y compositor, ningún juicio peyorativo.[18]

En el compás 13, en las cuatro voces, cadencia conclusiva a La menor (en compás 14); en éste se inicia la

## Tercera exposición

O mejor dicho, los *cinco stretti* finales. Estos se extienden desde el compás 14 hasta la coda final en el compás 26.

Sobre esta sección, véase la observación de Gedalge:[19] «...contrariamente a las reglas de la «fuga de escuela»,

1.º El primer *stretto* (compases 14-15) presenta *una* sola entrada del sujeto, seguida de *tres* entradas de la respuesta;

2.º Las *tres* entradas se realizan a distancias desiguales de la *cabeza* del sujeto;

3.º El último *stretto* (compases 24-25) posee únicamente *tres* entradas en lugar de las *cuatro* reglamentarias;

4.º Los diferentes *stretti* aparecen en orden arbitrario en lo que concierne al grado de proximidad de las entradas; las analogías con lo que se podría llamar «fuga tipo» se limitan al empleo de un breve *pedal* de dominante (compases 21 y 22) y por el *pedal* de tónica (compases 24 al 27)...».

Obsérvese, asimismo, en el compás 19, la cadencia conclusiva a *Re* mayor —con

18. Bullivant observa, asimismo (ob. citada. pág. 120) que los más drásticos cambios de tonos y semitonos ocurren cuando un tema, iniciado sobre el primer grado de la escala, se presenta sobre la sensible y hace notar que Bach lo utiliza en esta fuga —en los compases 21 al 23, en el tenor—, así como también, en la actualidad lo ha hecho Schostakowitsch en sus *24 Preludios y Fugas*: en la fuga n.º 1, el *tema*, en Do —y que se inicia con un intervalo de quinta justa—, viene afectado por una mutación que, por razones tonales, al comenzar con la sensible, convierte su intervalo inicial en un tritono Si-Fa —compases 47-48—.

19. Pág. 201 de su *Traité de la Fugue*.

tercera picarda— en dos voces, soprano y bajo, mientras que las otras dos proceden por *stretto* en re menor y mi menor.

Reproducimos la fuga completa sirviendo nuestras indicaciones para un posterior y más severo análisis; éste, insistimos, nunca será completo y exhaustivo ya que nunca se podrán sintetizar o catalogar los irracionales impulsos que guiaron a Bach al escribir, con tanta libertad y como suprema paradoja, la fuga que inicia una de sus obras más racionales y construidas. Pero como en toda obra de arte, el *medio* nunca es el mensaje y la expresión de éste es esencialmente y únicamente *misterio inefable*.[20]

20. Véase, supra, en pág. 35 y 36 una exposición más detallada de los *stretti* de los compases 14 al final. Nótese, asimismo, como hecho curioso, que del total cromático que aparece en esta fuga, el Re ♯ es la única nota que no se usa: quizá podría interpretarse como que Bach no quiso extender el ámbito tonal con la afirmación del relativo menor de la dominante (Re ♯ es la sensible de Mi, relativo del Sol dominante) ciñéndose a una mayor unidad tonal tal como hemos dicho antes (cfr. La *contra-exposición*); véanse, finalmente, aparte las «libertades» señaladas por Koechlin, otros ejemplos de escritura muy «libre»: novenas consecutivas en compases 4 y 12, choques de sensible y tónica en compases 2 y 10, nota de paso sobre la nota real (Mi-Re) en compás 18, falsas relaciones en compases 12, 13, 16 y 18...; quisiéramos señalar también como un hecho que da un color especial a la obra el constante uso del tritono o de relaciones de tritono: en los 27 compases de la fuga se pueden detectar más de 70 relaciones de tritono.

Segunda exposicion

Tercera exposicion
(stretti)

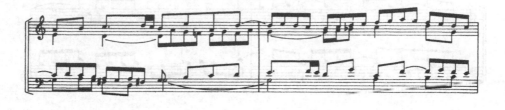

La fuga no es una forma ya caducada y únicamente válida dentro del contexto del mundo tonal: ciertamente, hasta principios de siglo, la fuga era un juego de tonalidades expresadas a través de un *tema* y todos sus derivados pero, aunque la tonalidad hoy está aparentemente asimilada y parece exhausta de posibilidades, no por ello el libre fluir de las doce notas, estructuradas a través de una *serie* dodecafónica o a través de la «iluminación» de una atonalidad instintiva, repugna a la idea básica que define a la forma *fuga*.

En las músicas tonales escritas hacia el fin de la vida de Schönberg parece oírse el lamento por aquello que no pudo ser o aquello que, habiendo sido, ya no tiene posibilidades de seguir siendo y quizá en la «armonía de las *Variaciones para órgano* hay un potencial por descubrir», pero el ingrato y árido sendero abierto por Webern —y que tanto ha fascinado a los compositores de época posterior—, no parece haber contemplado estas posibilidades tonales, ni los compositores que con mucha menor fortuna le han seguido e imitado parecen haber intentado agotar aún más la fuente de la tonalidad.

Quizá ahora no es aun el momento de descubrir qué cosa oculta el oscuro potencial del que nos habla Schönberg pero creemos que éste llegará en un futuro más o menos cercano ya que en el fluir y refluir de la obra de arte ésta deviene atemporal y no sigue caminos rectos o fijos. Un «retroceso» o una desviación son normales en su caminar y por ello pensamos que la pregunta sobre las últimas posibilidades de la tonalidad está aún por hacerse.

Pero en otro orden de cosas y mirando hacia adelante, la fuga no es inmanente a la tonalidad [21] —con todas sus futuras posibilidades—, como no lo es a la modalidad: la «huida» de las voces y la caza de unas a otras puede desarrollarse y hallar su estructura en un marco atonal o dodecafónico, temperado o no temperado. Es el orden y la voluntad de definirlo lo que siempre prevalecerá, no una teoría o una obligación a priori: establecido este orden la forma viene dada ya por sí misma y el «buscarse» de las voces podrá seguir su camino que es el de patentizar una arquitectura, una organización musical.

Así la forma *fuga* que ya supo hallar su modo de ser en la época modal, dió admirables resultados en el tiempo de la tonalidad y sigue ahora vigente, asimismo, como sustentadora y portadora de posibilidades, en nuestra Edad de la Ansiedad, de la Espera y de la angustia atonal.[22]

21. Bastaría para probarlo las fugas que Strauss escribio en *Así hablaba Zaratustra* op. 30 (1896) y en *Salomé* op. 54 (1904-5) (escena de los judíos).

22. Cfr. la opinión contraria de Adorno en la nota 4 de la pág. 130.

# Bibliografía

CHERUBINI, L.: *Cours de Contrepoint et de Fugue* (París, s.d. 1835?).
CHERUBINI, L.: *A Treatise on Counterpoint and Fugue* (New York, s.d.).
GEDALGE, A.: *Traité de la Fugue* (París, 1949) —1900—.
D'INDY, V.: *Cours de Composition Musicale (Deuxième Livre-Première Partie)* (París, 1909).
KOECHLIN, C.: *Etude sur l'écriture de la fugue d'école* (París, 1933).
OREL, A.: *Anton Bruckner: Entwürfe and Skizzen zur IX. Symphonie* (Viena, 1934).
DUPRÉ, M.: *Cours Complet de Fugue* (2 vols.) (París, 1938).
JEPPESEN, K.: *Counterpoint* (págs. 265 ss.) (Englewood Cliff, N. J., 1939).
OLDROYD, G.: *The Technique and Spirit of Fugue* (Londres, 1948).
DIKINSON, A.: *Bach's Fugal works, with an account of Fugue before and after Bach* (Londres, 1956$^1$, 1979$^2$).
ADRIO, A.: *Die Fuge*. Vol. I (Colonia, 1960).
*Grove's Dictionary of Music and Musicians* (Vol. 3) (Londres, 1961$^5$); Art. *Fugue*, págs. 513 ss. (escrito por Ralph Vaughan Williams).
GRAVES, W. L.: *Twentieth Century Fugue; a Handbook* (Londres, 1962).
MÜLLER-BLATTAU, J.: *Geschichte der Fuge* (Kassel, 1963).
SCHÖNBERG, A.: *30 Kanons* (Kassel, 1963).
MANN, A.: *The Study of Fugue* (Londres, 1965).
ADRIO, A.: *Die Fuge*. Vol. II (Colonia, 1968).
RUBBRA, E.: *Counterpoint* (págs. 55 ss.) (Londres, 1968).
VACHON, M.: *La Fugue dans la musique religieuse de W. A. Mozart* (Québec, 1970).
*Harvard Dictionary of Music* (Willi Apel) (Londres, 1970$^2$); art. *Fugue*, págs. 335 ss.
NALDEN, Ch.: *Fugal Answer* (Oxford University Press, 1970).
BULLIVAN, R.: *Fugue* (Londres, 1971).
ALLAIRE, G. G.: *The Theory of Hexachords, Solmization and the Modal System* (American Institute of Musicology, 1972).
DAVID, H. Th.: *J. S. Bach's Musical Offering* (New York, 1972).
BORETZ, B. y CONE, E. T.: *Perspectives on Schoenberg and Stravinsky* (New York, 1972).
SCHENKER, H.: *Harmony* (MIT, Cambridge, Mass., 1973).
KANDINSKY, W.: *De lo espiritual en el arte* (Barcelona, 1973).
GRAY, C.: *The Forty-Eigth Preludes and Fugues* (Londres, 1974).
KOLNEDER, W.: *Die Kunst der Fuge* (Wilhelmshaven, 1978).
KIRKENDALE, W.: *Fugue and Fugato in rococo and clasical chamber music* (Duke University Press, Durham N. C., 1979).
WILLIAMS, P.: *The organ music of J. S. Bach*, 2 Vols. (Cambridge, 1980).
*The New Grove Dictionary of Music and Musicians* (Vol. 7, Londres, 1980); art. *Fugue*, págs. 9 y ss. (escrito por Roger Bullivant).
BITSCH, M. y BONFILS, J.: *La Fugue* (París, 1981).
CZACZKES, L.: *Analyse Das Wohltemperierten Klaviers*, 2 Vols. (Viena, 1982).

# Indice de nombres